Östliche Bundesländer

Deutschzeit

8

Arbeitsheft

Erarbeitet von
Renate Gross, Franziska Jaap, Anne Jansen,
Sophie Porzelt, Toka-Lena Rusnok

Deine **interaktiven Übungen** findest du hier:

1. Melde dich auf scook.de an.
2. Gib den unten stehenden Zugangscode in die Box ein.
3. Hab viel Spaß mit deinen interaktiven Übungen.

Dein Zugangscode auf
www.scook.de

Die interaktiven Übungen können dort nach Bestätigung der AGB und Lizenzbedingungen genutzt werden.

yvc53-z59u5

Cornelsen

Inhaltsverzeichnis

Sprache untersuchen

bearbeitet

Rechtschreibregeln und -strategien anwenden

bearbeitet

Kennzeichnungen in diesem Arbeitsheft:

☺ Das ist mir schon gut gelungen.

☹ Hier muss ich noch üben.

S. 262 Verweis zum Schülerbuch

Teste dich! Hier kannst du dein Wissen testen.

Checkliste Hier findest du noch einmal die wichtigsten Schritte im Überblick.

Smartphones im Unterricht?

Materialgestützt argumentieren

S. 28

Stelle dir folgende Situation vor:
Ein Lehrer deiner Schule hat gefordert, dass an eurer Schule Smartphones regelmäßig im Unterricht genutzt werden sollen, z. B. für Recherchen. Nun sollen Lehrkräfte, Schüler/-innen und Eltern über diesen Vorschlag abstimmen. Als Klassensprecher/-in sollst du ein Empfehlungsschreiben an die Schulleitung formulieren, in dem du euren Standpunkt zu diesem Vorschlag (pro oder kontra) darlegst und begründest.

Die folgenden Materialien helfen dir, gute Argumente für oder gegen die Nutzung von Smartphones in der Schule und speziell im Unterricht zu finden.

Material 1 Aussagen über die Nutzung von Smartphones im Unterricht

Schulen sollten die technischen Chancen nutzen, die Smartphones bieten. (Frau Lösener)

Ganz ehrlich: Durch das Verbot werden die Smartphones doch nur umso interessanter. (Caroline)

Ich nutze mein Handy auch als Kalender und möchte mir wichtige Termine wie eine Klassenarbeit direkt in der Schule eintragen. (Niklas)

Die Schule sollte ein sozialer Ort der direkten Kommunikation sein – Smartphones tragen nicht dazu bei, im Gegenteil! (Frau Jelinek)

Ich sehe es immer wieder: Die Handys lenken meine Schülerinnen und Schüler vom eigentlichen Unterrichtsgeschehen ab. Darunter werden langfristig die Noten leiden. (Herr Weber)

Alle reden immer von einem verantwortungsvollen Umgang mit dem Handy. Warum bringt man uns diesen nicht in der Schule bei? (Theo)

1. Formuliere die strittige Frage, um die es in den Aussagen geht.

   ____

2. Markiere in den Aussagen alle Informationen, die für oder gegen den Einsatz von Smartphones in der Schule sprechen, in den entsprechenden Farben.

3. Benenne deinen Standpunkt zu dieser Frage.

   ____

Material 2 Smartphones raus, Klassenarbeit *Philipp Brandstädter*

Handys im Unterricht sind an den meisten Schulen verboten – bei Herrn Kück sind sie Pflicht. Im Lehrerzimmer macht er sich damit nicht nur Freunde. Wie geht der Unterricht der Zukunft?

In einem tristen Flachbau am Hamburger Stadtrand beginnt die Zukunft pünktlich mit der Schulsirene. Der Unterricht hat begonnen, die 6b hat Mathe. „Herr Küüück, ich kann mich nicht einloggen!", schreit ein Junge aus der hinteren Reihe, während Herr Küüück von zwei anderen Schülern in Beschlag genommen wird. Beide halten ihm ihre Telefone ins Gesicht. „Schauen Sie mal, ist das so richtig, Herr Küüück?" „Herr Kü-hück! Wo soll ich da draufdrücken?" Der digitale Unterricht, er hakt und ruckelt. [...]

Dass die Schüler [...] ihre Smartphones und Tablets nicht in der Tasche verstecken müssen, verdanken sie ihrem Lehrer, Herrn Kück. Der 44-Jährige hat vor drei Jahren ein Pilotprojekt der Schulbehörde an seine Schule geholt.

Doch nicht alle Kollegen der Schule sehen die digitale Wende so optimistisch wie Herr Kück, nicht jeder duldet das Smartphone auf dem Tisch. Zum Beispiel, weil auf dem eigenen Gerät auch WhatsApp, Instagram, Snapchat und Spiele installiert sind. [...]

Für das Pilotprojekt hat die Stadt Hamburg die Stadtteilschule [...] mit flächendeckendem WLAN versorgt. Auf dem Schulhof und in allen Klassenzimmern können die Lehrer und Schüler in einem abgesicherten Netzwerk ins Internet. Jeder hat einen personalisierten Zugang zu einer Lernplattform, die für den Unterricht in allen Fächern genutzt werden kann. Die Plattform funktioniert einfach: Die Schüler loggen sich ein und können sehen, was in der nächsten Schulstunde geplant ist. Die Lehrer hinterlegen Arbeitsblätter, Videos und Audiodateien, auf die die Schüler zugreifen. So oft sie wollen, je nach Lerntempo. Außerdem lösen sie auf der Plattform Aufgaben: Lückentexte, Gleichungen, Multiple-Choice. Die Lehrer sehen, welche Schüler welche Aufgaben gelöst haben. Das Programm zeigt Stärken und Schwächen einzelner Schüler und der gesamten Klasse und soll Überraschungen in der Klassenarbeit vermeiden.

Damit sich die Klasse nicht in einen Informatikraum mit verstaubten Röhrenbildschirmen quetschen muss, läuft die Lernplattform auf allen Geräten. Vier Buchstaben sollen den digitalen Unterricht für die Schüler leicht und für die Schule kostengünstig machen: BYOD steht für „bring your own device". Die meisten Schulen haben wenig Geld, Laptopklassen sind eher Vorzeigemodelle als Standard. Also bringen die Schüler ihre eigenen Smartphones, Tablets und Notebooks mit. „Das Smartphone hat ohnehin jeder in der Hosentasche", sagt Dietmar Kück und lässt den Blick über seine Schüler wandern. „Warum sollten wir das nicht nutzen?" In seiner Klasse ist es etwas ruhiger geworden, die Schüler lösen Aufgaben auf der Lernplattform [...]. Die Mädchen auf Instagram stören Kücks Unterricht nicht weiter. „Das gehört zum Lernprozess dazu", wiegelt Kück später ab. „Die Schüler lernen, sich auf die Sache zu konzentrieren." [...] Dietmar Kück hatte viele Kämpfe auszutragen, bis er das Pilotprojekt gewann. Am benachbarten Gymnasium habe man vermeiden wollen, dass dieses Internet von der Stadtteilschule zu ihnen schwappe. Es gab Flugblätter von besorgten Eltern, die befürchteten, ihre Kinder würden an der Schule vom WLAN verstrahlt. [...] „Wir müssen uns mit der Realität auseinandersetzen", sagt Kück, als er am Türrahmen des Klassenzimmers gelehnt seine Schüler beobachtet. Damit sei die Schule spät dran. „Die Geräte bereiten Freude, sie rufen Reaktionen hervor. Warum sollten wir sie aus dem Unterricht verbannen?"

4 Markiere im Text alle Informationen, die du bei deiner Argumentation für oder gegen die Nutzung von Smartphones im Unterricht nutzen kannst, mit der entsprechenden Farbe.

5 Lege in deinem Heft eine Stoffsammlung wie im Beispiel an:
a) Trage die Informationen aus Material 2, die für deinen Standpunkt sprechen, stichpunktartig ein.
b) Ergänze die Tabelle durch Aussagen aus Material 1 (Seite 4), die für deine Argumentation nützlich sind.

Stoffsammlung: Gründe, die für/gegen die Nutzung von Smartphones im Unterricht sprechen

Sicht der Schüler/-innen	Sicht der Lehrkräfte und der Eltern
...	...

Informationen aus Diagrammen nutzen

S. 38

Material 3 Wofür Handys in der Schule genutzt werden

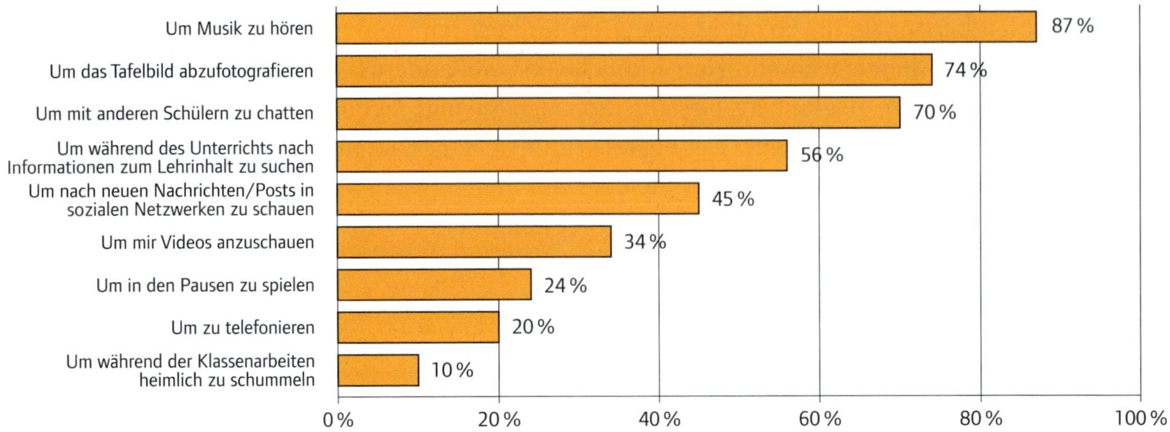

Mehrfachnennungen möglich; Quelle: Bitkom Research

1. Formuliere das Thema des Diagramms in einem Satz.

   ____

2. Werte die einzelnen Angaben des Diagramms aus und notiere die Ergebnisse in Stichpunkten:

   – Welches ist der höchste und welches der niedrigste Wert?

   ____

   ____

   – Was ist besonders auffällig? Was überrascht dich?

   ____

   ____

   – Welche Schlussfolgerungen lassen sich aus den Ergebnissen ableiten?

   ____

   ____

3. Ergänze deine Stoffsammlung mit geeigneten Informationen aus Material 3.

4. a) Vervollständige mithilfe von Material 3 das folgende Pro-Argument. Schreibe in dein Heft.

   Das Smartphone hat einen schulischen Nutzen, denn laut der Studie von ...

   b) Formuliere mithilfe von Material 3 ein Kontra-Argument. Schreibe in dein Heft.

   Dem ist entgegenzuhalten, dass ...

Material 4 Lehrer/innen über den Einsatz von digitalen Medien im Unterricht

– Kommt es vor, dass Sie gerne digitale Medien im Unterricht einsetzen würden, dies aber nicht können?

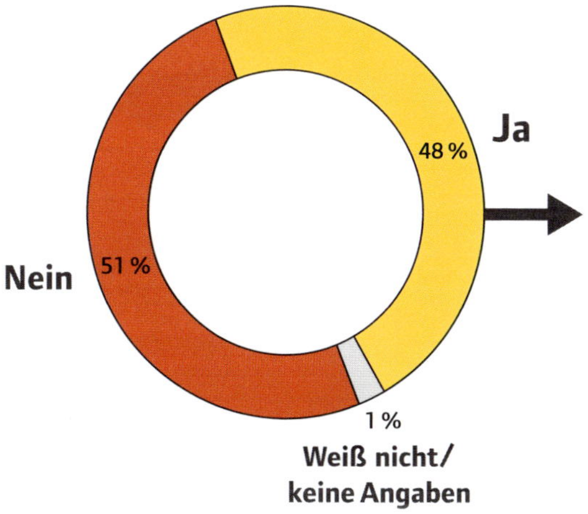

– Aus welchen Gründen können Sie neue Medien nicht einsetzen?

43 %	An meiner Schule fehlen entsprechende Geräte für die Nutzung im Unterricht.
25 %	Ich habe Sorge, dass die Technik im Unterricht versagt.
24 %	Der Einsatz neuer Medien ist im Vergleich zum Nutzen zu aufwändig.
11 %	Es gibt dafür kein geeignetes Lehrmaterial.
10 %	Meine Technikkenntnisse reichen dafür nicht aus.
9 %	Die Medien lenken die Schüler vom eigentlichen Unterrichtsthema ab.
9 %	Ich habe kein tragfähiges pädagogisches Konzept.

Mehrfachnennungen möglich; Quelle: Bitkom Research

5 Untersuche das Diagramm in den dir bekannten Schritten (Seite 6, Aufgabe 1 und 2) und ergänze deine Stoffsammlung mit geeigneten Informationen.

6 a) Vervollständige mithilfe von Material 4 das folgende Pro-Argument:

Der Einsatz von Smartphones im Unterricht ist sinnvoll, schließlich zeigt die Studie von Bitkom Research deutlich, dass

b) Entkräfte dieses Argument ebenfalls mithilfe von Informationen aus Material 4.

Dem ist entgegenzuhalten, dass

7 Kreuze an, welche Aussagen du mit einem der Diagramme (Material 3 und 4) belegen kannst. Ergänze zu deiner Argumentation passende Aussagen in deiner Stoffsammlung.

A ☐ Die Schreibtechnik leidet unter den Smartphones, da die Schüler/-innen die Tafelbilder und Merkkästen nicht mehr abschreiben.

B ☐ Die Entwicklung der Technik ist zu schnell für schuleigene Anschaffungen. Schulen investieren das zur Verfügung stehende Geld lieber in die Gebäudesanierung.

C ☐ Die Befürchtungen der Lehrkräfte haben mehr mit der Technik an sich als mit deren Auswirkungen auf die Schüler/-innen zu tun.

Ein Empfehlungsschreiben verfassen

S. 42

1 Verfasse eine Einleitung für dein Empfehlungsschreiben. Wähle dazu aus den Materialien 1–4 ein besonders anschauliches Beispiel oder Zitat aus und nutze es, um zum Thema hinzuführen.

2 Wähle aus deiner Stoffsammlung je zwei besonders starke Argumente aus der Sicht der Schüler/-innen und Lehrkräfte bzw. Eltern aus. Formuliere dazu jeweils eine Argumentation (These – Argument – Beispiel).

Nach Ansicht der Schülerinnen und Schüler sollte die Nutzung von Smartphones im Unterricht erlaubt / verboten werden,

Außerdem

Nach Ansicht der Lehrkräfte und Eltern sollte die Nutzung von Smartphones im Unterricht erlaubt / verboten werden,

Darüber hinaus

3 Zum Schluss deiner Argumentation kann ein Kompromiss sinnvoll sein. Wähle aus den folgenden Vorschlägen den deiner Meinung nach sinnvollsten Kompromiss aus und begründe deine Auswahl in Stichpunkten. Alternativ kannst du auch einen eigenen Kompromiss formulieren.

☐ A *Jedes Smartphone besitzt ja einen Flugmodus. Dieser muss zu Beginn des Schultages angeschaltet werden, damit man nicht im Internet surfen oder Nachrichten versenden kann.*

☐ B *Meiner Meinung nach sollten Schulen selbst Smartphones anschaffen, dazu könnten die stationären Computer verkauft werden. Auf diesen könnten vorab Filter installiert werden, um die Internetnutzung und das Spielen der Schüler/-innen besser einzuschränken.*

☐ C *Die eigenen Smartphones sollten ausschließlich für den Unterricht genutzt werden dürfen. In der übrigen Zeit können die Schüler/-innen sie in eine Kiste legen und im Klassenraum einschließen. So oder durch einen Nutzungsvertrag mit jedem einzelnen Schüler kann die Nutzung des eigenen Smartphones eingeschränkt werden.*

☐ D ____

____

____

Begründung: ____

____

____

Checkliste	Materialgestützt argumentieren	☺	☹
Die Schreibaufgabe klären	✓ Wie lautet die **strittige Frage**? ✓ Welchen **Standpunkt** nimmst du bei dieser Frage ein? ✓ Welches **Ziel** verfolgst du mit deiner Argumentation? ✓ An wen ist deine Argumentation **adressiert**?	☐ ☐ ☐ ☐	☐ ☐ ☐ ☐
Informationen sammeln	✓ Informiere dich in Texten und Materialien (z. B. Diagrammen) zum Thema. ✓ Erstelle eine **Stoffsammlung**.	☐ ☐	☐ ☐
Argumente formulieren	✓ Formuliere eine **These**. ✓ Formuliere **Argumente**, mit denen du deine These begründen kannst, und **Beispiele** als Beleg. Achte dabei immer auf das Ziel und die Adressatinnen/Adressaten deiner Argumentation. ✓ Entkräfte mögliche **Gegenargumente**.	☐ ☐ ☐	☐ ☐ ☐
Einen argumentativen Text verfassen	✓ Formuliere eine aussagekräftige **Überschrift**. ✓ Verfasse eine **Einleitung**, die das Interesse der Leser/-innen weckt. ✓ Wähle für den **Hauptteil** die stärksten Argumente deiner Stoffsammlung aus und verknüpfe sie zu einem sinnvollen Text. ✓ Fasse im **Schluss** deine Meinung kurz zusammen und bekräftige sie durch einen Appell, ein Zitat oder einen Ausblick. Ebenso kannst du mit einem Kompromiss schließen.	☐ ☐ ☐ ☐	☐ ☐ ☐ ☐

Neu sein

Eine Reportage untersuchen

S. 60

Schuluniformität *Anna Valtchuk*

Ausreiserin Anna hat es für drei Monate an eine australische Schule verschlagen. Um ihre Kleiderwahl muss sie sich hier keine Sorgen mehr machen – doch am „Mufti-Day" kommt alles anders.

„Am Donnerstag ist Mufti-Day", verkündet die Schulleiterin während der wöchentlichen Schulversammlung – und sofort bricht unter den australischen Schülern Jubel aus. Bis jetzt haben die meisten von ihnen gelangweilt und dumpf vor sich hin starrend versucht, die Ansagen der Lehrer auszublenden. Aber kaum hat die Direktorin diesen Satz beendet, schlägt die Stimmung in Aufregung um. Nur ich sitze inmitten der johlenden Menge und verstehe nur Bahnhof. Mufti? Geht es um etwas zu essen? Einen australischen Rockstar? […]

Die Reaktion der Schüler um mich herum lässt darauf schließen, dass dieses mysteriöse „Mufti" etwas nicht allzu Negatives bedeuten kann. Trotzdem will ich genauer wissen, was mich am Donnerstag erwartet. Mein gut gelaunter Sitznachbar klärt mich auf: „An dem Tag können wir anziehen, was wir wollen – ist das nicht cool?" Ich nicke und versuche dabei, möglichst begeistert auszusehen – die Schuluniform, die ich hier wie alle anderen auch tragen muss, stört mich eigentlich nicht im Geringsten. […]

Als Austauschschülerin gefällt mir der Einheitslook sogar ziemlich gut. Wie bei Hanni und Nanni rennen die Mädchen in einer weißen Bluse mit Schullogo herum, über der ein dunkelblauer Blazer getragen wird. Außerdem besteht immer noch eine gewisse Entscheidungsfreiheit bei der Garderobenwahl: Ich kann mir jeden Tag aufs Neue aussuchen, ob ich lieber einen Rock oder eine Hose in derselben Farbe tragen möchte. Selbst nach mehr als einem Monat Eingewöhnungszeit in „down under" finde ich die Uniform immer noch aufregend und ungewöhnlich. Allerdings muss ich auch nicht meine gesamte Schulzeit im immer gleichen Outfit verbringen, sondern mache diese Erfahrung nur für drei Monate.

Doch jetzt soll ich meine neuen Lieblingsklamotten für einen Tag im Schrank hängen lassen: „Mufti", so wird im Englischen die Freizeitkleidung derjenigen bezeichnet, die für gewöhnlich am Arbeitsplatz oder in der Schule in Uniform erscheinen müssen. Normalerweise ist es den australischen Schülern an ungefähr zehn Tagen im Schuljahr erlaubt, Outfits nach ihrem Geschmack zu tragen. Allerdings müssen sie dafür eine kleine Gegenleistung erbringen: Jeder Schüler hat am Morgen des „Mufti-Days" zwei Dollar im Sekretariat der Schule abzugeben – für einen guten Zweck. […]

Als ich an meinem ersten „Mufti-Day" ziemlich unspektakulär gekleidet in die Schule komme, wird mir erst das ganze Ausmaß dieses Tages bewusst. Bin ich etwa auf einer Faschingsparty gelandet? Einigen Schülern ist es nicht genug, nur in ihrer Alltagskleidung zu erscheinen – nein, der in den vergangenen Wochen und Monaten von der Schule so eingeschränkten Kreativität muss auf radikalerer Weise Luft gelassen werden: Ich sehe überall Teletubbies und Geishas[1], der ganze Schulhof scheint von skurrilen Gestalten zu wimmeln. Nur den Lehrern ist die Kleidungseuphorie[2] relativ egal: Nie uniformiert unterwegs, herrscht bei ihnen jeden Tag „Mufti-Day".

1 die Geisha: weibliche Bedienung in einem japanischen Teehaus
2 die Euphorie: die Begeisterung

1 Die Reportage „Schuluniformität" ist in einer Jugendzeitschrift erschienen. Stelle dir vor, du sollst für eine Schülerzeitung einen sachlichen Bericht über die Ereignisse rund um den „Mufti-Day" schreiben.
a) Notiere die passenden Sachinformationen aus dem Text in der Tabelle.
b) Schreibe den Bericht in dein Heft. Achte dabei auf die richtige Reihenfolge, die Verwendung des Präteritums und vermeide die direkte Rede.

Was?	*Wann?*
Wo?	*Wer?*
Wie?	*Warum?*
Mit welchen Folgen?	

2 Eine Reportage vermittelt im Unterschied zum Bericht nicht nur Sachinformationen, sondern gibt den Leserinnen und Lesern auch das Gefühl, selbst dabei zu sein.
a) Markiere in der Reportage die Textstellen, die ein Gefühl des „Dabei-Seins" erzeugen.
b) Untersuche, welche Merkmale den Text als Reportage kennzeichnen. Notiere jeweils Textbelege.

Neugier erweckender (szenischer) Einstieg:
- Z. 3–8: Zitat der Schulleiterin und Schilderung

Sprache:
- Zeitform:
- aussagekräftige Verben: Z.
- anschauliche Adjektive/Partizipien: Z.

Schilderung der Atmosphäre:

Hintergrundinformationen:

Direkte Rede:

Schlusspointe:

Eine Reportage schreiben

S. 72

„Unser heutiges Motto ist ‚Der Tag der Untoten'. Auf dem Weg zur Schule wurde ich heute von vielen Menschen komisch angesehen. Ein paar kleine Schulkinder haben sich sogar vor mir erschrocken!" (Sebastian, Abiturient)

„Die Mottowoche ist für uns sehr wichtig. Es sind die letzten Tage, die wir als Abiturjahrgang gemeinsam verbringen, bevor dann jeder etwas Neues beginnt: Ausbildung, Studium, für einige Zeit ins Ausland gehen, reisen. Das wollen wir feiern und dabei Spaß haben." (Julia, Abiturientin)

„Die Mottowochen der Abiturienten finde ich spannend und lustig. Unsere Klasse rätselt jeden Morgen, welches Motto heute dran ist. Wenn ich in ein paar Jahren Abitur mache, will ich auch unbedingt eine Mottowoche veranstalten!" (Mia, 8. Klasse)

„Nicht immer läuft die Mottowoche vernünftig ab. Schon manchmal mussten wir Lehrkräfte einschreiten, wenn zum Beispiel zu viel Lärm oder Dreck entstand. Aber Verletzte, größere Schäden oder Probleme mit Alkohol gab es bei uns zum Glück nicht." (Herr Fliedner, Lehrer)

1. Stelle dir vor, du sollst eine Reportage über die Mottowoche der Abiturienten verfassen. Betrachte die Bilder auf Seite 12 und notiere, was du als Beobachter vor Ort jeweils wahrnehmen könntest.

Ich sehe ______________________________

Ich höre ______________________________

Ich fühle ______________________________

2. Formuliere einen passenden Einstieg für deine Reportage in deinem Heft. Der Einstieg soll den Leserinnen und Lesern das Gefühl geben, selbst dabei zu sein, und neugierig machen. Du kannst folgendermaßen beginnen: *Schwarz umrandete Augen, blutige Münder, Teufelshörner auf dem Kopf, schwarze Kleidung, wohin man auch blickt – es ist ein seltsamer Anblick an diesem Montagmorgen, als ich die Schule betrete. …*

3. Verfasse den Hauptteil. Nutze Schilderungen der Atmosphäre und Zitate, um die Situation anschaulich darzustellen. Hierfür kannst du deine Formulierungen aus Aufgabe 1 und die Aussagen auf Seite 12 nutzen.

4. Formuliere zum Schluss eine Pointe. Du kannst hierfür zum Beispiel ein Zitat verwenden oder eine Frage stellen, welche die Leser/-innen zum weiteren Nachdenken anregt.

An vielen Schulen beginnt die Mottowoche

10.04.2017

An vielen Schulen beginnt am heutigen Montag die so genannte Mottowoche. Die Abiturienten zelebrieren ihre letzten Schultage in Kostümen, was neben dem Abi-Streich inzwischen üblich ist. Jeden Tag verkleiden sie sich einem anderen Motto entsprechend, nehmen so am Unterricht teil und feiern. Umsetzung, Dauer und Zeitpunkt sind zwar von Schule zu Schule unterschiedlich, doch findet dieses von den Abiturienten selbst organisierte Ereignis oft vor den Abiturprüfungen statt. Verbreitete Themen der Kostümierung sind beispielsweise „Erster Schultag", „Pyjama", „Hippies", „Jahrzehnte", „Comic-Helden", „Filmstars" oder „Bad Taste". Die Schülerinnen und Schüler feiern auf diese Weise das Ende ihrer Schulzeit und die letzten gemeinsamen Unterrichtstage. Oft verlaufen diese Mottowochen friedlich, manchmal jedoch werden beispielsweise durch zu laute Musik andere Schülerinnen und Schüler oder Anwohner gestört, oder es kommt bei zusätzlichen Aktionen wie Wasserschlachten zu Beschädigungen oder gar Verletzungen.

Checkliste ✓	**Eine Reportage schreiben**	☺	☹
Aufbau	✓ Formuliere einen **(szenischen) Einstieg,** der neugierig macht. Schildere zum Beispiel eine Begebenheit oder beginne mit einem Zitat.	☐	☐
	✓ Ergänze die Geschichte im **Hauptteil** um **atmosphärische Schilderungen, Zitate** und **Hintergrundinformationen.** Die Reportage soll informieren (Beantwortung der W-Fragen) und gleichzeitig ein Gefühl des „Dabei-Seins" erzeugen.	☐	☐
	✓ Formuliere einen **Schluss,** der eine **Schlusspointe** enthält. Diese soll deine Leser/-innen zum weiteren Nachdenken über das Thema anregen.	☐	☐
Sprache	✓ Verwende das Präsens. Du kannst die Zeitform aber auch wechseln.	☐	☐
	✓ Nutze anschauliche Formulierungen, zum Beispiel ausdrucksstarke Verben und passende Adjektive/Partizipien, um eine Situation zu schildern.	☐	☐

Kleine Lügen

S. 84

Eine Kurzgeschichte untersuchen und interpretieren

At the Top *Martin Suter (2008)*

Im Eckbüro im Achtundzwanzigsten[1] brennt noch Licht. An einem der Panoramafenster steht Sander, Hände auf dem Rücken, Schultern zurück, Hals gereckt. Über ihm nichts als die Dachterrasse, auf der bei schönem Wetter der Verwaltungsrat in der Sitzungspause einen kleinen Imbiss nimmt. Vor ihm die Lichter der Vorstadt. Unter ihm die Werkhallen eins bis sieben, dazwischen die Verwaltungsgebäude B und C. In den dunklen Fassaden leuchtet da und dort ein Fenster. Manchmal bewegt sich eine Gestalt hinter den Scheiben, geht von einem Gestell zu einem Schreibtisch und verharrt dort, reglos.

Auf dem Parkplatz bilden ein paar Autos ein karges Muster. Ein Mann geht schnell über den Platz. Bei einem der Autos leuchten kurz die Stopplichter auf, wie zur Begrüßung. Der Mann setzt sich hinters Steuer. Wenn die Fenster nicht schallisoliert wären, würde Sander jetzt den Motor hören. So sieht er nur die Abblendlichter, die sich den Weg aus dem Parkplatz und zum Werkstor suchen.

Sander wendet sich ab. Tief in Gedanken geht er die zehn, zwölf Schritte über den schokoladenbraunen Baumwollvelours zum gläsernen Schreibtisch. Mit einem tiefen Seufzer lässt er sich auf dem Sessel nieder und greift an den Verstellhebel. Lautlos gleitet die Rückenlehne nach hinten. Er legt den Kopf zurück, starrt an die schallschluckenden Deckenlamellen und atmet den Duft des neuen Leders ein.

Ein verdammt gutes Gefühl, hier oben zu sitzen und einen harten Arbeitstag ausklingen zu lassen. Sich ein paar Minuten der Einkehr zu gönnen zwischen den Verpflichtungen des Berufslebens und denen des Privaten.

Sander schließt die Augen. Wie viel würden die, die morgen wieder zum Werk strömen, darum geben, auch nur ein einziges Mal zu erleben, wie es sich anfühlt, hier oben zu sitzen. Wie es ist, der Mann ganz zuoberst zu sein. Die dünne Luft der Macht zu atmen und in den weichen Polstern der harten Entscheidungen zu ruhen.

Aber keinem wird es vergönnt sein. Keinem der Kader[2], die irgendwo dort unten ihre sinnlosen Überstunden absolvieren oder beim Apéro[3] ihre erfolglosen Intrigen aushecken oder keinen Schlaf finden bei der Planung ihres nächsten Karriereschritts.

Nur er, Sander, ist in einer Position, in der er jeden Abend dieses unvergleichliche Gefühl auskosten kann. Er beglückwünscht sich zu seinem Job, steht auf, schiebt den Putzwagen hinaus und löscht das Licht.

1 Erkläre, worin die Pointe (überraschende Wendung) der Kurzgeschichte besteht.

Die Pointe der Geschichte besteht darin, dass

____

____

1 im Achtundzwanzigsten: im 28. Stockwerk
2 der Kader: Personengruppe, die eine wichtige Funktion hat, z. B. in einem Unternehmen
3 der Apéro: Kurzform für Aperitif (franz.), alkoholisches Getränk

2 a) Was erfährt man durch Sander über den Ort der Handlung? Was sieht, hört, riecht er? Notiere Stichpunkte.

Sander sieht Dachterrasse über ihm, Lichter der Vorstadt vor ihm,

b) Was geht Sander durch den Kopf? Schreibe in der Ich-Form.

3 a) Der Erzähler nimmt drei Standpunkte ein. Markiere diese unterschiedlichen Erzählweisen im Text mit der entsprechenden Farbe.

1. Er steht außerhalb Sanders und überblickt das Geschehen.
2. Er nimmt die Sicht Sanders ein.
3. Er schlüpft in die Rolle Sanders und kennt dessen Gedanken und Gefühle.

b) Stelle dir vor, die Handlung der Kurzgeschichte wird verfilmt: Wo befindet sich die Kamera zu Beginn der Handlung? Wohin „wandert" sie dann? Nutze passende Filmbegriffe aus dem Wortspeicher.

Panoramaeinstellung • Totale • Halbtotale • Nahaufnahme • Detailaufnahme • Froschperspektive • Vogelperspektive • Normalsicht

Z. 1–9: Panoramaeinstellung, Z.

4 a) Prüfe, welche der aufgeführten Merkmale die Kurzgeschichte „At the Top" aufweist. Kreuze an.
b) Begründe deine Antworten in Stichpunkten und mit Textbelegen.

Merkmale	☒	**Begründung/Textbeleg**
Text ist kurz und „modern"	☒	*Text umfasst weniger als eine DIN-A4-Seite;* *Text stammt aus dem Jahr 2008*
Kleiner Ausschnitt aus dem Alltagsleben einer/mehrerer Figur(en)	☐	
Der gezeigte Ausschnitt hat eine besondere Bedeutung für die Figur(en)	☐	
Unmittelbarer Einstieg	☐	
Wenige Figuren	☐	
Konzentration auf einen Handlungsort	☐	
Zielstrebiger Verlauf der Handlung auf einen Höhe-/Wendepunkt hin	☐	
Gebrauch von Alltagssprache (z. B. kurze Sätze)	☐	
Offenes Ende	☐	

5 Schreibe eine Interpretation der Kurzgeschichte „At the Top" in dein Heft. Nutze dafür deine Vorarbeiten aus den Aufgaben 1–4 und gehe so vor:

a) Formuliere eine **Einleitung** mit einem Einleitungssatz, in dem du die Textsorte, den Titel, das Erscheinungsjahr, den Namen des Autors und das Thema nennst, und eine kurze Inhaltsangabe schreibst. Deine Inhaltsangabe kannst du so beginnen:

Sander, eine Reinigungskraft, befindet sich im Chefzimmer eines Bürogebäudes im 28. Stockwerk. Nachdem er zunächst ...

b) Erläutere den **Aufbau des Textes** sowie die **Erzählweise** und interpretiere die **Überschrift**, z. B. so:

Zu Beginn der Kurzgeschichte wird zunächst die Welt beschrieben, in der man sich „At the Top" befindet ... Im weiteren Verlauf des Textes ... Der Text erinnert in seinem Aufbau an ..., denn ... als Leser/-in hat man den Eindruck, dass ...

In Bezug auf die Erzählweise fällt ... auf und ...

Die Überschrift „At the Top" passt zur Kurzgeschichte, weil ...

c) Erläutere im **Hauptteil** dein Verständnis der Kurzgeschichte. Gehe auf die **Handlung** und die **Hauptfigur** Sander ein. Um dein Textverständnis zu belegen, kannst du wie im Beispiel **A** oder **B** vorgehen:

A (1. Zitat) Die Textstelle „An einem der Panoramafenster steht Sander, Hände auf dem Rücken, Schultern zurück, Hals gereckt." (Z. 1–3) (2. Erläuterung) vermittelt den Eindruck, als ob ... (3. Schlussfolgerung) Die Textstelle macht deutlich, dass ...

B (1. These) Sander scheint – auch im übertragenen Sinne – auf die Welt hinabzublicken: (2. Zitat) „Über ihm nichts als die Dachterrasse [...]. Vor ihm die Lichter der Vorstadt. Unter ihm die Werkhallen [...]." (Z. 3–6) (3. Erläuterung) In dieser Situation ist die Hauptfigur ...

d) Gehe auf die **Merkmale der Kurzgeschichte** und auf **sprachliche Besonderheiten** (z. B. gegensätzliche Begriffe, Wiederholungen) ein, die der Text aufweist.

Der Text weist mehrere Merkmale einer Kurzgeschichte auf. Zunächst einmal ... Es fällt auf, dass im Text viele ... verwendet werden (z. B. Z. ...), was die Wirkung hat, dass ... Das sprachliche Stilmittel der ... (Z. ...) sorgt dafür, dass ...

e) Schreibe einen **Schluss** in dein Heft, in dem du abschließend dein Interpretationsergebnis noch einmal kurz zusammenfasst.

Checkliste	**Eine Kurzgeschichte interpretieren**
Eine Kurzgeschichte untersuchen	✓ Formuliere deinen **ersten Leseeindruck**. Unterstreiche z. B. eine wichtige Textstelle und begründe deine Wahl. ✓ Markiere im Text für die **Figur** / die **Figuren** und die **Handlung** wichtige Stellen. ✓ Untersuche den **Textaufbau** (z. B. Ausgangslage, Wendepunkt, Ende). ✓ Bestimme die **Erzählweise** des Textes. ✓ Untersuche die Bedeutung der **Überschrift**. ✓ Arbeite die **Merkmale einer Kurzgeschichte** und **sprachliche Besonderheiten** heraus.
Eine Interpretation verfassen	✓ Plane den **Aufbau deines Textes**, z. B. mithilfe eines Schreibplans. ✓ Nenne in der **Einleitung** die Textsorte, den Titel, das Erscheinungsjahr, den Namen der Autorin / des Autors sowie das Thema und fasse den Inhalt kurz zusammen. ✓ Fasse im **Hauptteil** die Ergebnisse deiner Texterschließung zusammen. ✓ **Verknüpfe** deine Aussagen: **A** Zitat → Erläuterung → Schlussfolgerung ODER **B** These → Zitat → Erläuterung. ✓ Stelle im **Schluss** dein Interpretationsergebnis zusammenfassend dar. ✓ Schreibe im **Präsens** und **belege alle Aussagen mit dem Text**.

Von unerhörten Begebenheiten

S. 104

Eine Novelle verstehen und den Erzähler untersuchen

Kleider machen Leute *Gottfried Keller*

In der Novelle „Kleider machen Leute" geht es um den armen Schneider Wenzel Strapinksi, der in dem kleinen Städtchen Goldach für einen polnischen Grafen gehalten und entsprechend ehrerbietig und gastfreundlich behandelt wird. Nachdem Strapinski beim Kartenspiel Geld gewonnen hat, will er eigentlich mit dem Gewinn den Wirt bezahlen und Goldach verlassen. In diesem Moment kommt ihm der Amtsrat mit seiner Tochter Nettchen entgegen.

„Wir suchen Sie, Herr Graf", rief der Amtsrat, „damit ich Sie erstens hier meinem Kinde vorstelle und zweitens, um Sie zu bitten, dass Sie uns die Ehre erweisen möchten, einen Bissen Abendbrot mit uns zu nehmen; die anderen Herren sind bereits im Hause."

Der Wanderer nahm schnell seine Mütze vom Kopfe und machte ehrfurchtsvolle, ja furchtsame Verbeugungen, von Rot übergossen. Denn eine neue Wendung war eingetreten, ein Fräulein beschritt den Schauplatz der Ereignisse. Doch schadete ihm seine Blödigkeit[1] und übergroße Ehrerbietung nichts bei der Dame; im Gegenteil, die Schüchternheit, Demut und Ehrerbietung eines so vornehmen und interessanten jungen Edelmanns erschien ihr wahrhaft rührend, ja hinreißend. [...]

Sie grüßte den Ritter daher auf das Holdseligste[2], indem sie auch lieblich errötete, und sprach sogleich hastig und schnell und vieles mit ihm, wie es die Art behaglicher Kleinstädterinnen ist, die sich den Fremden zeigen wollen. Strapinski hingegen wandelte sich in kurzer Zeit um; während er bisher nichts getan hatte, um im Geringsten in die Rolle einzugehen, die man ihm aufbürdete, begann er nun unwillkürlich etwas gesuchter zu sprechen und mischte allerhand polnische Brocken in die Rede, kurz, das Schneiderblütchen fing in der Nähe des Frauenzimmers an, seine Sprünge zu machen und seinen Reiter davonzutragen. [...]

Auf einer Wanderung ist Wenzel versucht, die Stadt wieder zu verlassen und der Verwechslung seiner Person damit ein Ende zu bereiten. Als er jedoch die in einer Kutsche vorbeifahrende Tochter des Amtsrats erblickt, verwirft er diesen Vorsatz wieder.

Noch an demselben Tage [nachdem Wenzel Strapinski in die Stadt zurückgekehrt war] galoppierte er auf dem besten Pferde der Stadt, an der Spitze einer ganzen Reitergesellschaft, durch die Allee, welche um die grüne Ringmauer führte, und die fallenden Blätter der Linden tanzten wie ein goldener Regen um sein verklärtes[3] Haupt.

1 die Blödigkeit: Schüchternheit, Zaghaftigkeit
2 holdselig: anmutig, liebreizend
3 verklärt: ins Überirdische erhöht, der Wirklichkeit entrückt

Nun war der Geist in ihn gefahren. Mit jedem Tage wandelte er sich, gleich einem Regenbogen, der zusehends bunter wird an der vorbrechenden Sonne. Er lernte in Stunden, in Augenblicken, was andere nicht in Jahren, da es in ihm gesteckt hatte wie das Farbenwesen im Regentropfen. Er beachtete wohl die Sitten seiner Gastfreunde und bildete sie während des Beobachtens zu einem Neuen und Fremdartigen um; besonders suchte er abzulauschen, was sie sich eigentlich unter ihm dächten und was für ein Bild sie sich von ihm gemacht. Dies Bild arbeitete er weiter aus nach seinem eigenen Geschmacke, zur vergnüglichen Unterhaltung der einen, welche gern etwas Neues sehen wollten, und zur Bewunderung der anderen, besonders der Frauen, welche nach erbaulicher Anregung dürsteten[4]. So ward er rasch zum Helden eines artigen Romans, an welchem er gemeinsam mit der Stadt und liebevoll arbeitete, dessen Hauptbestandteil aber immer noch das Geheimnis war.

1 Überprüfe mithilfe des jeweiligen Textzusammenhangs, was die einzelnen Aussagen bedeuten, und kreuze die richtige Aussage an.

A „Doch schadete ihm seine Blödigkeit und übergroße Ehrerbietung nichts bei der Dame [...]." (Z. 6 f.)
- ☐ Wenzels schüchterne Tollpatschigkeit kommt bei Nettchen gut an.
- ☐ Wenzels übergroße Verehrung von Nettchen kommt bei ihr nicht gut an.

B „[...], kurz, das Schneiderblütchen fing in der Nähe des Frauenzimmers an, seine Sprünge zu machen und seinen Reiter davonzutragen." (Z. 13 f.)
- ☐ Das Pferd des Schneiders springt in der Nähe von Nettchen umher und reißt Wenzel mit sich.
- ☐ Wenzel hat sich Nettchen gegenüber nicht mehr im Griff und verhält sich anders als zuvor.

C „[...] die fallenden Blätter der Linden tanzten wie ein goldener Regen um sein verklärtes Haupt." (Z. 17 f.)
- ☐ Das Wetter schlägt um und die Blätter der Linde fallen im Regen tanzend auf seinen Kopf herab. Wenzel kann nicht mehr klar denken und hält die Regentropfen für Gold.
- ☐ Der Anblick Nettchens macht Wenzel so glücklich, dass er sich in seiner Verliebtheit unter den goldfarbenenen Blättern der Linde wie unter einem Goldregen fühlt.

D „Er beachtete wohl die Sitten seiner Gastfreunde und bildete sie während des Beobachtens zu einem Neuen und Fremdartigen um [...]." (Z. 21 f.)
- ☐ Er richtet sich nach den Sitten seiner Gastfreunde, verändert sie aber so, dass sein Benehmen seinen Gastfreunden weltgewandt und interessant erscheint.
- ☐ Er nimmt die Sitten seiner Gastfreunde wahr, hält sich aber nicht daran, sondern überrascht die Freunde lieber mit fremdem Benehmen.

E „So ward er rasch zum Helden eines artigen Romans, an welchem er gemeinsam mit der Stadt und liebevoll arbeitete [...]." (Z. 26 f.)
- ☐ Er schreibt gemeinsam mit Vertretern der Stadt einen Roman, in dem er selbst der brave Held ist.
- ☐ Durch die Art, wie er sich selbst darstellt, und das Bild, das die Einwohner der Stadt Goldach sich von ihm machen, gleicht er allmählich mehr der Hauptfigur eines Romans als sich selbst.

2 Erläutere, ob der Satz „Nun war der Geist in ihn gefahren" (Z. 19) positiv oder negativ gemeint ist. Achte auch hier auf den Textzusammenhang. Schreibe in dein Heft.

3 Untersuche im ersten Textabschnitt (Z. 1–14), in welcher Form sich der Erzähler einmischt. Unterstreiche mit der entsprechenden Farbe. Suche je ein Beispiel für
- einen Rückblick,
- eine Vorausdeutung,
- einen Kommentar zum Geschehen und
- einen Kommentar zum Verhalten einer Figur.

4 dürsten: *hier* etwas unbedingt haben wollen

Nettchen und Wenzel Strapinski werden in Goldach schon als Brautpaar angesehen und Wenzel beschließt, da er sich mit seiner falschen Identität als polnischer Adliger in eine aussichtslose Lage gebracht hat, von Goldach fortzugehen. Auf einem Ball verkündet er den Goldachern, dass er verreisen müsse.

In zehn Minuten war die Nachricht der ganzen Versammlung bekannt, und Nettchen, deren Anblick Strapinski suchte, schien, wie erstarrt, seinen Blicken auszuweichen, bald rot, bald blass werdend. Dann tanzte sie mehrmals hintereinander mit jungen Herren, setzte sich zerstreut und schnell atmend und schlug eine Einladung des Polen, der endlich herangetreten war, mit einer kurzen Verbeugung aus, ohne ihn anzusehen.

Seltsam aufgeregt und bekümmert ging er hinweg, nahm seinen famosen[5] Mantel um und schritt mit wehenden Locken in einem Gartenwege auf und nieder. Es wurde ihm nun klar, dass er eigentlich nur dieses Wesens halber so lange dageblieben sei, dass die unbestimmte Hoffnung, doch wieder in ihre Nähe zu kommen, ihn unbewusst belebte, dass aber der ganze Handel eben eine Unmöglichkeit darstelle von der verzweifeltsten Art.

Wie er so dahinschritt, hörte er rasche Tritte hinter sich, leichte, doch unruhig bewegte. Nettchen ging an ihm vorüber und schien, nach einigen ausgerufenen Worten zu urteilen, nach ihrem Wagen zu suchen, obgleich derselbe auf der andern Seite des Hauses stand und hier nur Winterkohlköpfe und eingewickelte Rosenbäumchen den Schlaf der Gerechten verträumten. Dann kam sie wieder zurück, und da er jetzt mit klopfendem Herzen ihr im Wege stand und bittend die Hände nach ihr ausstreckte, fiel sie ihm ohne Weiteres um den Hals und fing jämmerlich an zu weinen. Er bedeckte ihre glühenden Wangen mit seinen fein duftenden dunklen Locken und sein Mantel umschlug die schlanke, stolze, schneeweiße Gestalt des Mädchens wie mit schwarzen Adlerflügeln; es war ein wahrhaft schönes Bild, das seine Berechtigung ganz allein in sich selbst zu tragen schien.

Strapinski aber verlor in diesem Abenteuer seinen Verstand und gewann das Glück, das öfter den Unverständigen hold ist. Nettchen eröffnete ihrem Vater noch in selbiger Nacht beim Nach-Hause-Fahren, dass kein anderer als der Graf der Ihrige sein werde; dieser erschien am Morgen in aller Frühe, um bei dem Vater liebenswürdig schüchtern und melancholisch, wie immer, um sie zu werben, und der Vater hielt folgende Rede: „So hat sich denn das Schicksal und der Wille dieses törichten Mädchens erfüllt! Schon als Schulkind behauptete sie fortwährend, nur einen Italiener oder einen Polen, einen großen Pianisten oder einen Räuberhauptmann mit schönen Locken heiraten zu wollen, und nun haben wir die Bescherung! […]"

4 Fasse in eigenen Worten zusammen, welche Wendung in diesem Textabschnitt eintritt.

____

____

____

5 Der Textabschnitt enthält unterschiedliche Formen des Erzählens. Untersuche den Text und markiere je eine beispielhafte Passage entsprechend.

A Der Erzähler beschreibt das Geschehen.

B Der Erzähler kommentiert das Geschehen.

C Der Erzähler tritt zurück und überlässt einer Figur das Wort: direkte Figurenrede.

D Der Erzähler gibt wieder, was im Kopf einer Figur vor sich geht: indirekte Gedankenwiedergabe.

5 famos: großartig, fabelhaft

6 Vergleiche die Textstellen, in denen der Erzähler über Nettchen berichtet (z. B. Z. 1–5), mit denen, in denen er über Wenzel berichtet (z. B. Z. 6 f., Z. 20 f.). Beschreibe stichpunktartig die Unterschiede.

____

____

____

____

7 a) Schreibe die folgenden Nettchen-Passagen so um, dass der Leser erfährt, wie Nettchen zumute ist und was sie denkt. Verwende dazu den inneren Monolog oder die indirekte Gedankenwiedergabe.

A „In zehn Minuten war die Nachricht der ganzen Versammlung bekannt, und Nettchen, deren Anblick Strapinski suchte, schien, wie erstarrt, seinen Blicken auszuweichen, bald rot, bald blass werdend." (Z. 1 f.)

„Wieso macht er das? Wieso redet er nicht mit mir?

____

____

____

B „Nettchen ging an ihm vorüber und schien, nach einigen ausgerufenen Worten zu urteilen, nach ihrem Wagen zu suchen, obgleich derselbe auf der andern Seite des Hauses stand und hier nur Winterkohlköpfe und eingewickelte Rosenbäumchen den Schlaf der Gerechten verträumten." (Z. 11–14)

____

____

____

____

b) Vergleiche deine Textumwandlungen mit dem Original. Welche Version findest du spannender? Begründe.

____

____

____

Ausgerechnet auf seiner Verlobungsfeier wird Strapinskis wahre Identität eines Schneidergesellen aufgedeckt.

Das Paar aber saß unbeweglich auf seinen Stühlen gleich einem steinernen ägyptischen Königspaar, ganz still und einsam; man glaubte, den unabsehbaren glühenden Wüstensand zu fühlen.
Nettchen, weiß wie Marmor, wendete das Gesicht langsam nach ihrem Bräutigam und sah ihn seltsam von der Seite an.
Da stand er langsam auf und ging mit schweren Schritten hinweg, die Augen auf den Boden gerichtet, während große Tränen aus denselben fielen.

8 a) Wandle die Textstelle ab, indem du an passenden Stellen unterschiedliche Erzählerkommentare ausprobierst. Du musst jeweils nicht den gesamten Text noch einmal abschreiben, sondern nur die Passage(n), die du veränderst.

A Der Erzähler entschuldigt Wenzel.

Da stand er, der doch in keiner Sekunde dieses Versteckspiel gewollt hatte

B Der Erzähler macht Wenzel Vorwürfe und bedauert Nettchen.

C Der Erzähler blickt voraus und kündigt ein Happy End an.

b) Welcher Kommentar passt am besten zur Novelle? Begründe.

Nachdem Nettchen den verzweifelten Wenzel vom Wegesrand aufgelesen hat, kehrt sie mit ihm bei einer befreundeten Bäuerin ein.

Als die Gevattersfrau[6] den Trank auf den Tisch gesetzt hatte, erhob sich Nettchen rasch und flüsterte ihr zu: „Lasst uns jetzt eine Viertelstunde allein, legt Euch aufs Bett, liebe Frau! Wir haben uns ein bisschen gezankt und müssen uns heute noch aussprechen, da hier gute Gelegenheit ist!"
„Ich verstehe schon, Ihr macht's gut so!", sagte die Frau und ließ die zwei bald allein.
„Trinken Sie dies", sagte Nettchen, die sich wieder gesetzt hatte, „es wird Ihnen gesund sein!" Sie selbst berührte nichts. Wenzel Strapinski, der leise zitterte, richtete sich auf, nahm eine Tasse und trank sie aus, mehr, weil sie es gesagt hatte, als um sich zu erfrischen. Er blickte sie jetzt auch an, und als ihre Augen sich begegneten und Nettchen forschend die seinigen betrachtete, schüttelte sie das Haupt und sagte dann: „Wer sind Sie? Was wollten Sie mit mir?"

6 die Gevattersfrau: *hier* Patentante

9 Verwandle die Textpassage in einen reinen Erzählerbericht und vermeide auch die indirekte Figurenrede.

a) Unterstreiche dazu alle Passagen im Text, die du umwandeln musst.

b) Ordne den Textpassagen passende Verben aus dem Wortspeicher zu und formuliere sie als Erzählerbericht. Schreibe in dein Heft.

... und bat sie im Flüsterton, sie eine Viertelstunde allein zu lassen und sich aufs Bett zu legen. Als Begründung führte sie ... an. ...

fragen · um Auskunft bitten · sich erkundigen · um Aufklärung bitten · billigen · Verständnis äußern · bitten · auffordern · als Begründung anführen · begründen · sich besorgt zeigen

c) Vergleiche deine Textversion mit dem Original. Welche magst du lieber? Begründe.

Checkliste	Eine Novelle verstehen und den Erzähler untersuchen
Den Text verstehen	✓ Beachte immer den **Textzusammenhang** eines Satzes / einer Aussage (den Satz davor und danach; den Absatz; das, was du bereits weißt). ✓ Gib schwierige Sätze und Aussagen **in eigenen Worten** wieder. ✓ Kläre **Handlungsschritte**, indem du sie zusammenfasst. ✓ Kläre die **Gedanken und Gefühle einer Figur,** – indem du einen inneren Monolog ergänzt. – indem du die Gedanken und Gefühle im Erzählerbericht mit entsprechenden Verben und Adjektiven charakterisierst und/oder in indirekter Figurenrede wiedergibst. – indem du sie in einem Erzählerkommentar bewertest.
Den Erzähler und seine Darstellungsmöglichkeiten untersuchen	✓ Erzählerbericht (Handlungsentwicklung, Orts-, Zeit- und Figurenbeschreibung) ✓ Erzählerkommentar (Wertungen, Gedanken des Erzählers, Rück- und Vorausschau) ✓ direkte Redewiedergabe oder innerer Monolog (1. Person und Indikativ) ✓ indirekte Rede- oder Gedankenwiedergabe (3. Person Singular und Konjunktiv I)

Auf der Suche

S. 128

Einen Jugendroman lesen und Figuren charakterisieren

Tschick *Wolfgang Herrndorf*

In dem Roman „Tschick" berichtet der vierzehnjährige Ich-Erzähler Maik Klingenberg, wie er mit seinem Schulfreund Tschick, einem Russlanddeutschen, in den Sommerferien mit einem gestohlenen Auto zu einer Reise in die Walachei aufbricht. Unterwegs geht ihnen das Benzin aus. Auf einer Müllkippe, wo sie einen Schlauch zum Benzinabsaugen aus einem Autotank suchen, treffen sie auf ein verdrecktes Mädchen in ihrem Alter, das sich ihnen auf dem Weg zu einer Brombeerhecke anschließt.

Der Rückweg [von der Müllkippe zu den Brombeeren] erschien mir deutlich kürzer als der Hinweg. Vielleicht lag es daran, dass das Mädchen pausenlos redete. Sie lief zuerst hinter uns und dann zwischen uns und dann auf der anderen Seite vom Weg. Tschick hielt einmal seine Nase zu und sah mich dabei an, und es stimmte. Sie stank. Das Mädchen stank entsetzlich. Auf der Müllkippe hatte man das nicht so gerochen, weil die ganze Müllkippe roch. Aber es war ein Riesengestank, der von ihr ausging. Ein Comiczeichner hätte Fliegen um ihren Kopf schwirren lassen. Und dazu redete sie pausenlos. Ich erinnere mich nicht genau, was sie alles redete, aber sie fragte zum Beispiel dauernd, wo wir wohnen würden, ob wir zur Schule gingen, ob wir gut in Mathe wären (das war ihr besonders wichtig, ob wir gut in Mathe wären). Und ob wir Geschwister hätten, ob wir Cantors[1] Unendlichkeitsdingens kennen würden und so weiter. Aber wenn man zurückfragte, warum sie das alles wissen wollte, kam nie eine Antwort.

Stattdessen redete sie davon, dass sie später mal beim Fernsehen arbeiten wollte. Ihr Traum wäre es, eine Quizsendung zu moderieren, „weil man da gut aussieht und irgendwas mit Worten macht". Sie hätte eine Cousine, die das machen würde, und das wäre ein „Superjob" und sie wäre „voll überqualifiziert" und man müsste nur nachts arbeiten. [...]

„Und du bist eher so der Stille", sagte das Mädchen und stupste mich an der Schulter und fragte noch mal, ob ich *wirklich* zur Schule gehen würde, und ich dachte, hoffentlich kommen die Brombeeren bald, sonst werden wir die nie mehr los.

Ich dachte auch, dass das Mädchen irgendwann von allein zurückgehen würde, aber sie lief wirklich drei oder vier Kilometer weit mit bis zu dieser Brombeerhecke. Mittlerweile hatte ich auch schon wieder Hunger und Tschick auch, und wir stürzten uns zu dritt in die Brombeeren.

„Wir müssen die irgendwie loswerden", flüsterte Tschick, und ich sah ihn an, als hätte er gesagt, wir sollten uns nicht die Füße absägen.

1 Georg Cantor (1845–1918): Mathematiker, der als Begründer der Mengenlehre gilt und sich mit der Unendlichkeit der rationalen Zahlen befasst hat.

Und dann fing das Mädchen an zu singen. Ganz leise erst, auf Englisch, und immer unterbrochen von kleinen Pausen, wenn sie Brombeeren kaute.
„Jetzt singt sie auch noch kacke“, sagte Tschick, und ich sagte nichts, denn im Ernst sang sie nicht kacke. Sie sang „Survivor“ von Beyoncé. Ihre Aussprache war absurd. Sie konnte überhaupt kein Englisch, hatte ich den Eindruck, sie machte nur die Worte nach. Aber sie sang wahnsinnig schön. Ich hielt eine Ranke mit Daumen und Zeigefinger vorsichtig von mir weg und schaute zwischen den Blättern durch auf das Mädchen, das da singend und summend und Brombeeren kauend im Gebüsch stand. Dazu dann noch der Brombeergeschmack in meinem eigenen Mund und die orangerote Dämmerung über den Baumkronen und im Hintergrund immer das Rauschen der Autobahn – mir wurde ganz seltsam zumute.

1 Lies den Textauszug und unterstreiche alle Textstellen, die etwas über die Beziehung von Maik, Tschick und Isa aussagen.

2 a) Wähle aus den folgenden drei Skizzen ein Standbild, das das Verhältnis von Maik, Tschick und Isa am Anfang des Textauszugs darstellt.
b) Skizziere nach diesem Beispiel in das leere Feld ein Standbild, welches das Verhältnis von Maik, Tschick und Isa am Ende des Textauszugs darstellt. Begründe deine Darstellung kurz und belege sie mit dem Text.

Begründung: ______________________________

____

____

____

3 Erläutere, was sich verändert hat, und belege deine Beobachtungen durch Zeilenangaben in Klammern. Du kannst passende Formulierungen aus dem Wortspeicher zu Hilfe nehmen.

Am Anfang ______________________________

____

____

____

____

Ablehnung / Zuneigung • auf die Nerven gehen / interessant finden • unterschiedlich reagieren / sich einig sein • abstoßend finden / in den Bann gezogen werden

Maik und Tschick denken, dass sie das Mädchen schließlich losgeworden sind. Sie versuchen vergeblich, an einer Tankstelle Benzin aus einem Autotank anzusaugen, als sich herausstellt, dass das Mädchen ihnen nachgelaufen ist und sie beobachtet. Dem Mädchen gelingt das Ansaugen des Benzins, zum Dank nehmen sie es mit und erfahren ihren Namen: Isa. Später machen sie an einem Stausee Halt. Tschick schubst Isa und Maik ins Wasser, er selbst aber besorgt sich Badehose und Handtuch, bevor er hineinspringt.

Als wir an Land kamen, zog Isa sofort Shirt und Hose und alles aus und fing an, sich einzuseifen. (1) Das war ungefähr das Letzte, womit ich gerechnet hatte.
„Herrlich", sagte sie. Sie stand im knietiefen Wasser, schaute in die Landschaft und schäumte ihre Haare ein, (2) und ich wusste nicht, wo ich hingucken sollte. Ich guckte mal hier-, mal dahin. Sie hatte eine wirklich tolle Figur und eine Gänsehaut. (3) Ich hatte auch eine Gänsehaut. [...]

Während Tschick Brötchen für das Frühstück besorgt, bittet Isa Maik, ihr die Haare zu schneiden.

Tatsächlich fand sich im Verbandskasten eine ganz kleine Schere, aber ich hatte noch nie Haare geschnitten. Das war Isa egal, sie wollte alles komplett ab, bis auf einen Pony vorne. (4) Sie setzte sich an den Rand der Staustufe, zog ihr T-Shirt aus und sagte: „Fang an!"
Nach einer Weile drehte sie sich zu mir und sagte: „Warum fängst du nicht an? (5) Ich will nicht, dass das T-Shirt voll Haare wird."
Also fing ich an. (6) Anfangs versuchte ich, Isas Kopf nicht dauernd mit der Hand zu berühren, aber es ist schwer, jemandem mit einer so winzigen Schere einen Skinhead zu verpassen, ohne sich abzustützen. [...]
Es fehlte nur noch der Pony. Ich ging vor Isa in die Knie, um eine gerade Linie hinzukriegen, und bemühte mich, auch nicht im Entferntesten so auszusehen, (7) als würde ich dabei woanders hingucken als auf diesen Pony.

4 Beim Lesen literarischer Texte muss man oft in Gedanken ergänzen, was die Erzählerin/der Erzähler nicht ausspricht, was sich aber aus dem Zusammenhang ergibt.

a) Ergänze die markierten Stellen wie in den Beispielen.

(1) Dass ich sie nackt sehen würde, war ungefähr das Letzte, ...

(2) ... vor lauter Verlegenheit, aber eigentlich wollte ich nur sie ansehen.

(3)

(4)

(5)

(6)

(7)

b) Fasse stichpunktartig zusammen, was die Episode am See über Maiks Beziehung zu Isa aussagt.

5 a) Lies den folgenden Textauszug und unterstreiche alle Passagen, die dir weitere Auskunft über Maiks Verhältnis zu Isa geben.

b) Notiere auf Klebezetteln, was dir die unterstrichenen Textpassagen über dieses Verhältnisses verraten.

„Muss nicht genau sein", sagte Isa, „der Rest ist doch auch vergurkt."
„Überhaupt nicht. Sieht super aus", sagte ich. Und tonlos: „Du siehst super aus."
Mehr sagte ich nicht. Als ich fertig war, wischte Isa die abgeschnittenen Haare weg, und dann saßen wir auf der Staustufe nebeneinander, schauten in die Landschaft und warteten darauf, dass Tschick zurückkam. Isa hatte ihr T-Shirt noch immer nicht angezogen, und vor uns lagen die Berge mit ihrem blauen Morgennebel, der in den Tälern vorne schwamm, und dem gelben Nebel in den Tälern hinten, und ich fragte mich, warum das eigentlich so schön war. Ich wollte sagen, *wie* schön es war, oder jedenfalls, wie schön ich es fand und warum, oder wenigstens, dass ich nicht erklären konnte, warum, und irgendwann dachte ich, es ist vielleicht auch nicht nötig, es zu erklären.

→ Isas Anblick verschlägt Maik die Sprache.

→ M. nimmt Isas Nacktheit wahr.

→ M. fühlt sich von Isa angezogen, ist glücklich; findet aber keine Worte.

„Hast du schon mal gefickt?", fragte Isa.
„Was?"
„Du hast mich gehört."
Sie hatte ihre Hand auf mein Knie gelegt, und mein Gesicht fühlte sich an, als hätte man heißes Wasser draufgegossen.

→ ...

„Nein", sagte ich.
„Und?"
„Was und?"
„Willst du?"
„Was will ich?"
„Du hast mich schon verstanden."
„Nein", sagte ich.
Meine Stimme war ganz hoch und fiepsig. Nach einer Weile nahm Isa ihre Hand wieder weg, und wir schwiegen mindestens zehn Minuten, von Tschick immer noch keine Spur. Auf einmal kamen mir die Berge und das alles ziemlich uninteressant vor. Was hatte Isa da gerade gesagt? Was hatte ich geantwortet? Es waren nur ungefähr drei Worte, aber – was bedeuteten sie? Mein Gehirn nahm ungeheuer Fahrt auf, und ich würde schätzungsweise fünfhundert Seiten brauchen, um aufzuschreiben, was mir in den nächsten fünf Minuten alles durch den Kopf ging. Es war wahrscheinlich auch nicht sehr spannend, es ist nur spannend, wenn man gerade drinsteckt in so einer Situation. Ich fragte mich nämlich hauptsächlich, ob Isa das ernst gemeint hatte, und auch, ob ich das ernst gemeint hatte, als ich gesagt hatte, dass ich nicht mit ihr schlafen will, falls ich das überhaupt gesagt hatte. Aber tatsächlich wollte ich gar nicht mit ihr schlafen. Ich fand Isa zwar toll und immer toller, aber ich fand es eigentlich auch vollkommen ausreichend, in diesem Nebelmorgen mit ihr dazusitzen und ihre Hand auf meinem Knie zu haben, und es war wahnsinnig deprimierend, dass sie die Hand jetzt wieder weggenommen hatte. Ich brauchte eine Ewigkeit, bis ich mir einen Satz zurechtgelegt hatte, den ich sagen konnte. Ich übte diesen Satz in Gedanken ungefähr zehnmal, und dann sagte ich mit einer Stimme, die klang, als würde ich gleich einen Herzinfarkt kriegen: „Aber ich fand es schön mit deiner ... ähchrrm. Hand auf meinem Knie." […]
Isa legte ihren Arm um meine Schulter.
„Du zitterst ja", sagte sie.
„Ich weiß", sagte ich
„Viel weißt du nicht."
„Ich weiß."
„Wir können ja auch erst mal küssen. Wenn du magst."
Und in dem Moment kam Tschick mit zwei Brötchentüten durch die Felsen gestiegen, und es wurde nichts mit Küssen.

Isa, Tschick und Maik steigen gemeinsam auf einen Berg oberhalb der Talsperre und schwören sich, dass sie in fünfzig Jahren wieder dorthin kommen.

Als wir abstiegen, sahen wir weit unter uns zwei Soldaten. Auf dem Pass, wo der Lada parkte, standen jetzt ein paar Reisebusse. Isa lief sofort zu einem hin, auf dem in unlesbarer Schrift irgendwelche Dinge standen, und redete auf den Fahrer ein. Tschick und ich sahen uns das vom Lada aus an, und dann kam Isa plötzlich zurückgesprintet und rief: „Habt ihr mal dreißig Euro? Ich kann euch das nicht wiedergeben jetzt, aber später, ich schwör! Meine Halbschwester hat Geld, die schuldet mir noch – und ich muss jetzt da lang."

Ich war sprachlos. Isa holte ihr Holzkästchen aus dem Lada, sah mich und Tschick schief an und sagte: „Mit euch schaff ich's nie. Tut mir leid." Sie umarmte Tschick, dann sah sie mich einen Moment lang an und umarmte mich auch und küsste mich auf den Mund. Sie sah sich nach dem Reisebus um. Der Fahrer winkte. Ich riss dreißig Euro aus der Tasche und hielt sie ihr wortlos hin. Isa umarmte mich noch mal und rannte davon. „Ich meld mich!", rief sie. „Kriegst du wieder!" Und ich wusste, dass ich sie nie wiedersehen würde. Oder frühestens in fünfzig Jahren.

„Du hast dich nicht schon wieder verliebt?", fragte Tschick, als er mich vom Asphalt aufsammelte. „Im Ernst, du hast ja echt ein glückliches Händchen mit Frauen, oder wie sagt man so?"

6 Versetze dich in Maiks Situation und schreibe in Form eines inneren Monologs, was ihm durch den Kopf geht, als Isa sich davonmacht.

7 Notiere in Stichpunkten, warum Maiks Beziehung zu Isa zeigt, dass er „auf der Suche" ist.

8 Lies deine Notizen und Arbeitsergebnisse noch einmal durch. Halte stichpunktartig fest, welche Entwicklungsschritte du in der Beziehung zwischen Maik und Isa erkennst.

1) Während der Reise / Müllkippe (S. 24/25): Mike und Tschick begegnen Isa; wollen sie wieder loswerden

2) Etwas später / Brombeerhecke (S. 25):

3) Am Stausee (S. 26):

4) Etwas später / am Stausee (S. 27):

5) Abschied von Isa (S. 28):

9 Charakterisiere die Beziehung zwischen Maik und Isa. Belege deine Aussagen mit dem Text. Gehe so vor:

a) Schreibe eine Einleitung, in der du den Roman kurz vorstellst (→ Checkliste).

b) Verfasse den Hauptteil, in dem du beschreibst, wie sich die Beziehung zwischen Maik und Isa entwickelt. Nutze deine Arbeitsergebnisse der Aufgaben 1–8 und das Wortmaterial.

c) Schreibe einen Schluss: Fasse deine Untersuchungsergebnisse kurz zusammen und nimm zu der Frage Stellung, ob die Beziehung typisch für jemanden ist, der „auf der Suche" ist.

zeitliche Abfolge: erst • zunächst • zu Beginn der Beziehung • beim ersten Treffen • später • im Laufe der Reise • schließlich
inhaltliche Zusammenhänge: aber • jedoch • obwohl • trotzdem • dennoch • einerseits – andererseits

Checkliste	Romanfiguren in ihren Beziehungen charakterisieren
Die Beziehung von Romanfiguren untersuchen	✓ Markiere Stellen im Text, die Aufschluss über die Beziehung der Figuren geben. ✓ Überprüfe, ob und wie die Beziehung sich entwickelt. Achte dafür – auf „Lücken" im Text, die du in Gedanken füllen kannst, – auf „versteckte" Hinweise, die du deuten musst, z. B.: Warum ist Maiks Stimme „hoch und fiepsig" (S. 24, Z. 27)? ✓ Notiere deine Deutungen am Rand oder auf Klebezetteln.
Die Beziehung von Romanfiguren schriftlich charakterisieren	✓ Erstelle eine **Gliederung** für den **Hauptteil:** Notiere dafür die Entwicklungsschritte in der Figurenbeziehung und ordne sie dem Handlungsgang des Romans zu. ✓ Stelle in der **Einleitung** den Roman kurz vor. Nenne die Autorin / den Autor, den Titel, die Hauptfigur(en), die Handlungsorte und führe in die Handlung ein. ✓ Arbeite deine Gliederungspunkte schriftlich aus. ✓ Formuliere einen **Schluss** mit einer kurzen Zusammenfassung, einem Fazit oder einer Stellungnahme.

Von Liebe und Macht

Ein berühmtes Drama untersuchen

S. 158

Wilhelm Tell *Friedrich Schiller* (1804)

Im Anschluss an den Monolog Tells ereignet sich in der hohlen Gasse folgende Szene zwischen dem Landvogt Geßler, dessen Stallmeister Rudolf von Harras und der Bäuerin Armgard. Tell wird unterdessen von einem Hochzeitszug, der die hohle Gasse passiert, abgelenkt.

Vierter Aufzug, dritte Szene (IV, 3)

Armgard kommt mit mehreren Kindern und stellt sich an den Eingang des Hohlwegs. [...]

Armgard: Hier weicht er mir nicht aus, er muss mich hören. [...]
Jetzt ist der Augenblick! Jetzt bring ich's an!
Nähert sich furchtsam.
Geßler: Ich hab den Hut nicht aufgesteckt zu Altdorf
Des Scherzes wegen, oder um die Herzen
Des Volks zu prüfen, diese kenn ich längst.
Ich hab ihn aufgesteckt, dass sie den Nacken
Mir lernen beugen, den sie aufrecht tragen –
Das *Unbequeme* hab ich hingepflanzt
Auf ihren Weg, wo sie vorbeigehn müssen,
Dass sie drauf stoßen mit dem Aug, und sich
Erinnern ihres Herrn, den sie vergessen.
Rudolf der Harras: Das Volk hat aber doch gewisse Rechte –
Geßler: Die abzuwägen ist jetzt keine Zeit! [...]
Dies kleine Volk ist uns ein Stein im Weg –
So oder so – Es muss sich unterwerfen.
Sie wollen vorüber. Die Frau wirft sich vor dem Landvogt nieder.
Armgard: Barmherzigkeit, Herr Landvogt! Gnade! Gnade!
Geßler: Was dringt Ihr Euch auf offner Straße mir
In Weg – Zurück!
Armgard: Mein Mann liegt im Gefängnis,
Die armen Waisen schrein nach Brot – Habt Mitleid
Gestrenger Herr, mit unserm großen Elend.
Rudolf der Harras: Wer seid Ihr? Wer ist Euer Mann?
Armgard: Ein armer
Wildheuer[1], guter Herr, vom Rigiberge,
Der überm Abgrund weg das freie Gras
Abmähet von den schroffen Felsenwänden,
Wohin das Vieh sich nicht getraut zu steigen –
Rudolf der Harras *zum Landvogt:* Bei Gott, ein elend und erbärmlich Leben!
Ich bitt' Euch, gebt ihn los[2] den armen Mann,
Was er auch Schweres mag verschuldet haben,
Strafe genug ist sein entsetzlich Handwerk.
Zu der Frau: Euch soll Recht werden[3] – Drinnen auf der Burg
Nennt Eure Bitte – Hier ist nicht der Ort.

1 der Wildheuer: jemand, der an gefährlichen Berghängen Heu schneidet
2 losgeben: freilassen
3 Recht werden: Recht geschehen

1 Was passiert in dieser Szene? Kreuze die jeweils zutreffende Aussage an.

- ☐ Armgard hat keine Scheu vor Geßler und stellt sich ihm selbstbewusst in den Weg.
- ☐ Armgard fürchtet sich vor Geßler, stellt sich ihm aber trotzdem in den Weg.

- ☐ Geßler sagt, er habe den Hut aufgestellt, um dem Volk seine Macht vor Augen zu führen.
- ☐ Geßler sagt, er habe den Hut nur als Scherz aufgestellt.

- ☐ Armgard bittet Geßler um Brot, da ihre Kinder Hunger haben.
- ☐ Armgard bittet Geßler um die Freilassung ihres Mannes aus dem Gefängnis.

- ☐ Rudolf der Harras lehnt die Bitte Armgards sofort ab.
- ☐ Rudolf der Harras setzt sich bei Geßler für Armgard ein.

2 Ordne den drei Personen passende Eigenschaften zu. Notiere jeweils Textbelege.

Armgard: ______________________________

Geßler: ______________________________

Rudolf: ______________________________

verzweifelt · mutig · einfühlsam · grausam · herrisch · traurig · vermittelnd · egoistisch · ängstlich

Vierter Aufzug, dritte Szene (IV, 3) *(Fortsetzung)*

Armgard: Nein, nein, ich weiche nicht von diesem Platz,
Bis mir der Vogt den Mann zurückgegeben!
Schon in den sechsten Mond[4] liegt er im Turm
Und harret auf den Richterspruch vergebens.
Geßler: Weib, wollt Ihr mir Gewalt antun, hinweg.
Armgard: Gerechtigkeit, Landvogt! Du bist der Richter
Im Lande an des Kaisers Statt und Gottes.
Tu deine Pflicht! So du Gerechtigkeit
Vom Himmel hoffest, so erzeig sie uns.
Geßler: Fort, schafft das freche Volk mir aus den Augen.
Armgard *greift sich die Zügel des Pferdes:*
Nein, nein, ich habe nichts mehr zu verlieren.
– Du kommst nicht von der Stelle, Vogt, bis du
Mir Recht gesprochen – Falte deine Stirne,
Rolle die Augen, wie du willst – Wir sind
So grenzenlos unglücklich, dass wir nichts
Nach deinem Zorn mehr fragen –
Geßler: Weib, mach Platz,
Oder mein Ross geht über dich hinweg.
Armgard: Lass es über mich dahingehn – da –
Sie reißt ihre Kinder zu Boden und wirft sich mit ihnen ihm in den Weg.
Hier lieg ich
Mit meinen Kindern – Lass die armen Waisen
Von deines Pferdes Huf zertreten werden,
Es ist das Ärgste[5] nicht, was du getan –

4 der Mond: der Monat
5 das Ärgste: das Schlimmste

Rudolf der Harras: Weib, seid Ihr rasend?
Armgard *heftiger fortfahrend:* Tratest du doch längst
Das Land des Kaisers unter deine Füße!
– O ich bin nur ein Weib! Wär' ich ein Mann,
Ich wüsste wohl was Besseres, als hier
Im Staub zu liegen – [...]
Geßler: Wo sind meine Knechte?
Man reiße sie von hinnen oder ich
Vergesse mich und tue, was mich reuet[6].

3 a) Wie ist dein erster Leseeindruck? Kreuze an.

A ☐ In der Szene passiert nicht viel Neues, es geht weder vor noch zurück.
B ☐ In der Szene wird eine Lösung für Armgards Problem gefunden.
C ☐ In der Szene eskaliert die Situation zwischen Armgard und Geßler.

b) Begründe deine Auswahl. Beziehe Aussagen des Textes mit ein.

Ich halte Aussage ______ für zutreffend, da ____________________

____

____

____

____

Vierter Aufzug, dritte Szene (IV, 3) *(Fortsetzung)*

Rudolf der Harras: Die Knechte können nicht hindurch, o Herr,
Der Hohlweg ist gesperrt durch eine Hochzeit.
Geßler: Ein allzu milder Herrscher bin ich noch
Gegen dies Volk – die Zungen sind noch frei,
Es ist noch nicht ganz, wie es soll, gebändigt –
Doch es soll anders werden, ich gelob' es,
Ich will ihn brechen, diesen starren Sinn,
Den kecken Geist der Freiheit will ich beugen.
Ein neu Gesetz will ich in diesen Landen
Verkünden – Ich will –

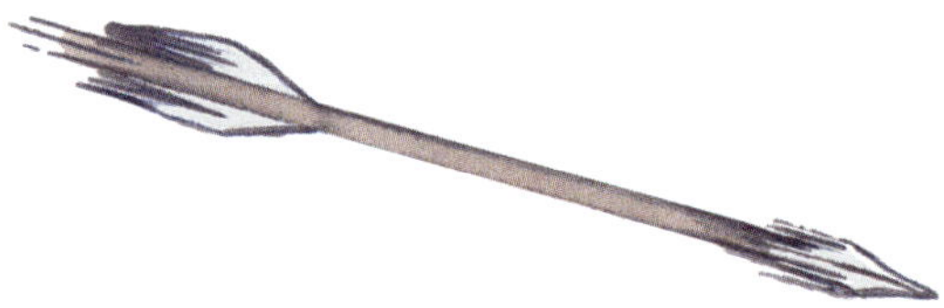

Ein Pfeil durchbohrt ihn, er fährt mit der Hand ans Herz und will sinken. Mit matter Stimme:
Gott sei mir gnädig!
Rudolf der Harras: Herr Landvogt – Gott, was ist das? Woher kam das?
Armgard *auffahrend:* Mord! Mord! Er taumelt, sinkt! Er ist getroffen!
Mitten ins Herz hat ihn der Pfeil getroffen!
Rudolf der Harras *springt vom Pferde:* Welch grässliches Ereignis – Gott – Herr Ritter –
Ruft die Erbarmung Gottes an – Ihr seid
Ein Mann des Todes! –
Geßler: Das ist Tells Geschoss.
Ist vom Pferde herab dem Rudolf Harras in den Arm gegleitet und wird auf der Bank niedergelassen.

6 was mich reuet: was ich später bereuen werde

Tell *erscheint oben auf der Höhe des Felsens:*
Du kennst den Schützen, suche keinen andern!
Frei sind die Hütten, sicher ist die Unschuld
Vor dir, du wirst dem Lande nicht mehr schaden.
Verschwindet von der Höhe. Volk stürzt herein. [...]
Stüssi[7]: [...] Der Tyrann
Des Landes ist gefallen. Wir erdulden
Keine Gewalt mehr. Wir sind freie Menschen.
Alle *tumultuarisch*[8]: Das Land ist frei!
Rudolf der Harras: Ist es dahin gekommen?
Endet die Furcht so schnell und der Gehorsam?
Zu den Waffenknechten, die hereindringen:
Ihr seht die grausenvolle Tat des Mords,
Die hier geschehen – Hülfe ist umsonst –
Vergeblich ist's, dem Mörder nachzusetzen. [...]

7 Stüssi: ein Mann aus dem Volk
8 tumultuarisch: lärmend

4 Die folgenden Aussagen über diesen Auszug aus der 3. Szene sind falsch. Berichtige sie wie im Beispiel.

A Geßler will dem Volk mehr Freiheit gewähren.

Geßler will die Freiheit des Volkes noch weiter einschränken.

B Armgard tötet Geßler, indem sie ihn erwürgt.

C Tell fürchtet nach dem Tod Geßlers um die Freiheit des Landes.

D Alle sind ausgelassen und froh über den Tod Geßlers.

5 Fertige eine Spannungskurve für alle drei Abschnitte der Szene IV, 3 (S. 30; S. 31 f. und S. 32 f.) an. Notiere die Bezeichnung der einzelnen Szenenabschnitte an deiner Spannungskurve.

IV, 3 (1. Abschnitt) · IV, 3 (2. Abschnitt) · IV, 3 (3. Abschnitt)

Eine Szene anhand von Leitfragen interpretieren S. 172

1 Schreibe einen Einleitungssatz, in dem du den Autor, den Titel, die Textsorte und das Thema des Dramas benennst.

____

____

____

2 a) Ordne die Szene IV, 3 in das Dramengeschehen ein: Was ist vorher passiert? Was passiert in der Szene? Was passiert danach? Nummeriere die Handlungsschritte chronologisch.

- ◯ Armgard ist aus Verzweiflung dazu bereit, sich mit ihren Kindern von Geßlers Pferd zertrampeln zu lassen.
- ◯ Tell wird vom Volk als Retter und Held gefeiert.
- ◯ Armgard bittet Geßler um die Freilassung ihres Mannes.
- ◯ Tell tötet Geßler mit einem Pfeilschuss.
- ① Tell hegt Mordpläne gegen Geßler.
- ◯ Armgard stellt sich Geßler in den Weg.
- ◯ Geßler wiegelt Armgards Bitte ab und droht ihr Gewalt an.

b) Formuliere die Einordnung zu einem zusammenhängenden Text aus. Nutze den Wortspeicher, um die Sätze abwechslungsreich zu verbinden.

Die Szene IV, 3 befindet sich ziemlich weit am Ende des Dramas. Kurz zuvor

____

____

____

____

____

____

daraufhin · schließlich · dann · im Anschluss daran · und · allerdings

3 Beantworte im Hauptteil die folgende Leitfrage:

Wie verändert sich die Perspektive auf Tells Motive für den Mord an Geßler durch die Armgard-Episode?

Gehe dabei so vor:

a) Überlege, wofür die Armgard-Episode (Szene IV, 3) steht. Kreuze an, was am meisten zutrifft.

Die Armgard-Episode zeigt,

- ☐ … dass Geßler zu viel Macht hat.
- ☐ … dass Geßler ein grausamer und rücksichtsloser Herrscher ist.
- ☐ … dass das Volk sich nicht länger unterdrücken lassen will.

b) Vergleiche Tells Mord an Geßler mit und ohne Armgard-Episode: Rückt seine Tat durch die Armgard-Episode in ein anderes Licht? Begründe.

In meinen Augen wird Tells Mord an Geßler durch die Armgard-Episode

4 Prüfe abschließend, ob die Armgard-Episode etwas an deiner Einschätzung darüber ändert, ob Tells Tat gerechtfertigt ist. Bleibt sie unverändert? Wird sie bekräftigt? Ändert sie sich? Notiere Stichpunkte.

Checkliste	**Ein Drama untersuchen und anhand einer Leitfrage interpretieren**
Ein Drama untersuchen	✓ Erschließe die Handlung der Dramenszene. ✓ Lies schwierige Passagen mehrmals. ✓ Notiere nach dem Lesen in Stichpunkten dein Vorwissen zu der Szene: – Was geschieht vor der Szene? – Was passiert in der Szene? Notiere die **Handlungsschritte**. – Welche **Figuren** treten auf und was weißt du über sie? – Was geschieht im Anschluss an diese Szene? Behalte die **Leitfrage(n)**, unter der du den Textausschnitt analysierst, stets vor Augen.
Ein Drama anhand einer Leitfrage interpretieren	✓ Benenne in der **Einleitung** Autor/-in, Titel, Textsorte und Thema des Dramas. ✓ Beschreibe die Handlung des Textausschnitts präzise und gehe auch auf die Vorgeschichte ein. ✓ Gehe im **Hauptteil** auf die Leitfrage(n) zu der Szene ein. ✓ Fasse zum **Schluss** die wichtigsten Ergebnisse zusammen oder nimm Stellung zu einer in der Aufgabenstellung vorgegebenen Frage. ✓ Belege wichtige Aussagen mit **Zitaten**.

Von Ort zu Ort

Gedichte untersuchen und interpretieren

S. 184

Reisegeldgedicht *Joachim Ringelnatz* (1883–1934)

x x́ x x́ x x́ x x́
Es gibt der Worte nicht genug, a
Um Heim und Heimat laut zu preisen. b
Um zehn Uhr vierzig geht mein Zug. a
Adieu! Adieu! Ich muss verreisen. b

Mein Reisekoffer, frisch entstaubt,
Folgt seiner Sehnsucht in die Weite
Und hat mir freundschaftlich erlaubt,
Dass ich ihn unterwegs begleite.

Und Sehnsucht, Kohle und Benzin
Soll uns recht fern durch Fremdes treiben,
Damit wir denen, die wir fliehn,
Recht frohe Ansichtskarten schreiben.

Auf Wiedersehn! Ich reise fort.
Mein Reisegeld sucht andres, andre.
Bis ich erkenne: Hier ist dort
Und neu vergnügt nach Hause wandre.

1 Worum geht es in dem „Reisegeldgedicht“ von Joachim Ringelnatz? Kreuze an und begründe.
- ☐ Das lyrische Ich erinnert sich an eine Reise in die Ferne.
- ☐ Das lyrische Ich begibt sich auf Reisen und freut sich, wieder nach Hause zu kommen.
- ☐ Das lyrische Ich hat nach jemandem Sehnsucht, packt seinen Koffer und reist zu dieser Person.
- ☐ Ich stimme keiner der Antworten zu.

Begründung: ____

____

____

2 Wie spricht das lyrische Ich von der Ferne, wie von seinem Zuhause? Markiere die Wörter und Wortgruppen, mit denen das lyrische Ich beides darstellt, mit zwei unterschiedlichen Farben.

3 a) Untersuche die Form des Gedichts. Arbeite direkt am Text.
- Bestimme die Anzahl der Strophen und Verse.
- Bestimme das Reimschema. Notiere die entsprechenden Kleinbuchstaben neben dem Gedicht.
- Bestimme das Metrum, indem du betonte und unbetonte Silben wie im Beispiel markierst.
- Markiere die Sätze im Gedicht, die keine Aussagesätze sind.

b) Ergänze den folgenden Lückentext:

Das „Reisegeldgedicht" wurde von Joachim Ringelnatz verfasst und besteht aus ____ Strophen, die ______________________ haben. Als Reimschema liegt ein ________________ vor. Bei dem Metrum handelt es sich um einen ______________. Auffällig ist, dass neben den Aussagesätzen auch __________________ verwendet werden (z. B. Vers ____).

4 a) Der „Reisekoffer" (V. 5) stellt eine Personifikation dar. Suche eine weitere Personifikation im Gedicht und markiere sie.
b) Begründe, warum es sich jeweils um eine Personifikation handelt, und erkläre ihre Funktion im Gedicht.
Tipp: Achte bei der Personifikation „Reisekoffer" darauf, wem das Fernweh zugeschrieben wird

____

____

____

____

____

5 Gibt es eine Stelle im Gedicht, die dir besonders wichtig erscheint? Verändert sich etwas im Laufe des Gedichts? Markiere und notiere Stichpunkte am Rand.

6 Beschreibe, welche Einstellung des lyrischen Ichs zum Reisen deutlich wird. Wähle dazu passende Adjektive aus dem Wortspeicher aus.

gleichgültig · neutral · spöttisch · begeistert · kritisch · zwiespältig · ablehnend

____

____

____

____

Luftveränderung *Kurt Tucholsky* (1890–1935)

Strophenanzahl:

Versanzahl:

Reimschema:

Metrum:

Enjambements (Zeilensprünge): Verse

x́ x x́ x x́ x x́
Fahre mit der Eisenbahn, a
fahre, Junge, fahre! b
Auf dem Deck vom Wasserkahn
wehen deine Haare.

Tauch in fremde Städte ein,
lauf in fremden Gassen;
höre fremde Menschen schrein,
trink aus fremden Tassen.

Flieh Betrieb und Telefon,
grab in alten Schmökern,
sieh am Seinekai[1], mein Sohn,
Weisheit still verhökern[2].

Lauf in Afrika umher,
reite durch Oasen;
lausche auf ein blaues Meer,
hör den Mistral[3] blasen!

Wie du auch die Welt durchflitzt
ohne Rast und Ruh –:
Hinten auf dem Puffer[4] sitzt
du.

1 der Seinekai: befestigtes Ufer an der Seine, einem durch Paris verlaufenden Fluss
2 (Weisheit) verhökern: umgangssprachlich für verkaufen, *hier* bezogen auf Buchhändler an der Seine
3 der Mistral: kalter Wind im Süden Frankreichs
4 der Puffer: Teil eines Schienenfahrzeugs, das Stöße abdämpft

1 Formuliere in ein bis zwei Sätzen, worum es in dem Gedicht geht. Nutze Formulierungen aus dem Wortspeicher.

Das Gedicht handelt von … / stellt … dar / thematisiert … · eine Aufforderung an / eine Beschreibung von / eine Erinnerung an · eine Reise / ein Urlaub / die Sommerferien · das lyrische Ich / ein Junge / ein Kind · ansprechen / auffordern / erzählen · die Ferien genießen / zu Hause bleiben / die Welt erkunden · sich abhetzen / auch an sich selbst denken / nur an sich selbst denken

2 a) Formuliere für jede Strophe eine passende Überschrift und notiere sie rechts neben dem Gedicht.
b) Welche Strophen würdest du sinngemäß zusammenfassen? Begründe in Stichpunkten.

3 a) Untersuche die Form des Gedichts. Arbeite direkt am Text und fülle anschließend die linke Spalte aus.
- Bestimme die Anzahl der Strophen und Verse.
- Bestimme das Reimschema. Notiere die entsprechenden Kleinbuchstaben neben dem Gedicht.
- Bestimme das Metrum, indem du betonte und unbetonte Silben markierst wie im Beispiel.
- Vergleiche das Metrum in der ersten und letzten Strophe. Beschreibe den Unterschied und die Wirkung.

b) An welchen Textstellen finden sich Enjambements (Zeilensprünge)? Markiere die entsprechenden Verse.

4 Lies das Gedicht noch einmal und achte auf die Wörter an den Versanfängen. Markiere und beschreibe, was dir auffällt.

5 a) Wozu fordert das lyrische Ich auf? Welche weiteren Verben kommen vor? Sortiere sie in die Tabelle ein.

Verben der Bewegung	Verben der Wahrnehmung	Weitere Verben
fahre,	höre,	trinke,

b) Markiere die Adjektive im Gedicht. Betrachte sie und beschreibe, was dir auffällt.

6 Formuliere eine Deutung der letzten Strophe des Gedichts „Luftveränderung“. Du kannst die Formulierungshilfen im Wortspeicher nutzen.

In der letzten Strophe … / Abschließend … •
Das lyrische Ich räumt ein … / ergänzt seine Aussage um … / betont, dass … / stellt … in den Vordergrund •
Während das lyrische Ich in den Strophen 1–4 …, so macht es in der letzten Strophe deutlich, dass … •
Der kurze letzte Vers betont … / rückt … in den Mittelpunkt / verdeutlicht … •
Die anschauliche Wortwahl, z. B. … in Vers …, verdeutlicht … / Die Alliteration in Vers … bewirkt … •
Zusammenfassend … / Insgesamt gesehen … / In Bezug auf die Einstellung des lyrischen Ichs zum Reisen kann man schlussfolgern, dass …

7 Vergleiche die Einstellung des lyrischen Ichs zum Reisen im „Reisegeldgedicht“ von Ringelnatz und in „Luftveränderung“ von Tucholsky. Welcher Aussage stimmst du zu? Kreuze an.
Alternativ kannst du auch selbst einen Vergleich formulieren und in dein Heft schreiben.

A ☐ *Sowohl im „Reisegeldgedicht“ von Joachim Ringelnatz als auch in „Luftveränderung“ von Kurt Tucholsky hat das lyrische Ich eine positive Einstellung zum Reisen. Beide finden die neuen Erfahrungen, die man beim Reisen machen kann, wichtig.*

B ☐ *Während das lyrische Ich im „Reisegeldgedicht“ von Joachim Ringelnatz eher eine kritische Haltung gegenüber dem Reisen zum Ausdruck bringt, scheint das lyrische Ich in Kurt Tucholskys „Luftveränderung“ davon restlos begeistert zu sein.*

C ☐ *Sowohl im „Reisegeldgedicht“ von Joachim Ringelnatz als auch in „Luftveränderung“ von Kurt Tucholsky hat das lyrische Ich eine negative Einstellung zum Reisen: Beide kommen zu dem Schluss, dass man besser zu Hause bleiben soll.*

D ☐ *Das lyrische Ich in Kurt Tucholskys „Luftveränderung“ scheint zunächst vom Reisen mehr angetan zu sein als das lyrische Ich im „Reisegeldgedicht“ von Joachim Ringelnatz. Doch auch dieses räumt ein, dass der oder die Reisende immer im Mittelpunkt steht, nicht die Reise an sich.*

Checkliste ✓	Gedichte untersuchen
Inhalt	✓ Worum geht es in dem Gedicht? ✓ Werden Handlungen, Gedanken oder Stimmungen zum Ausdruck gebracht? ✓ Verändert sich etwas im Laufe des Gedichts?
Sprecher/-in	✓ Spricht ein lyrisches Ich?
Form	✓ Wie viele Strophen und Verse hat das Gedicht? ✓ Gibt es ein Reimschema? Zum Beispiel: – Paarreim *aa bb*, – Kreuzreim *ab ab*, – umarmender Reim *ab ba*. ✓ Sind weitere Reimformen zu erkennen? Zum Beispiel: – Alliterationen (gleicher Anfangslaut aufeinanderfolgender Wörter) ✓ Ist ein Metrum erkennbar? Zum Beispiel: – Jambus xx́ xx́ xx́, – Trochäus x́x x́x x́x, – Daktylus (x) x́xx x́xx x́xx.
Sprache	✓ Fallen bestimmte Wörter oder Wortarten auf? ✓ Welche sprachlichen Mittel werden genutzt? Zum Beispiel: – Enjambement (Zeilensprung), – Personifikation (Vermenschlichung oder Verlebendigung), – Wiederholung, – direkte Anrede.

Intelligente Technik

Sachtexte und Diagramme erschließen

S. 206

Material 1 **Die Wohnung, die weiß, was ich will** *Volkmar Keuter*

Wie wir in Zukunft wohnen werden, lässt sich am besten mit einer Reise in die Vergangenheit beantworten. Vor mehr als 80 Jahren fand in Frankfurt am Main der Architekturkongress Ciam statt. 1929 trafen sich Visionäre aus halb Europa, unter ihnen der Schweizer Architekt Le Corbusier und der Bauhaus-Gründer Walter Gropius. Für die wohl einflussreichsten Architekten des 20. Jahrhunderts stand bereits damals fest: Der Mensch braucht Raum, Wärme, Licht und Luft. Anstelle starrer Strukturen sollten Häuser flexibel sein und sich an die Bedürfnisse der Menschen anpassen.

Ich glaube, dass dieser Ansatz unser künftiges Wohnen prägen wird. Nehmen wir an, wir sind im Jahr 2050, also gut 120 Jahre nach Ciam. Technologie wird viel stärker in unseren Wohnraum integriert sein. Heute sind Smart-Home-Lösungen meist aus Einzelkomponenten aufgebaut: Wir steuern die Heizung, das Licht oder die Jalousien – jeweils einzeln. In Zukunft werden sie miteinander verzahnt sein und uns in unserem Zuhause unterstützen. Sie werden uns helfen, Familie, Gesundheit und Beruf miteinander zu vereinbaren. 2050 ist damit das Haus längst nicht mehr nur ein Gebäude. Vielmehr ist unser Heim zu unserem Partner geworden. Und wie das in einer gut funktionierenden Partnerschaft so sein sollte, weiß meine Wohnung bestens über meine Bedürfnisse und Gewohnheiten Bescheid. Sie stellt sich auf mich ein, lernt aus meinem Verhalten und wird vorausschauend. Die Raumluft, die Zimmertemperatur und die Beleuchtung sind zum Beispiel für meine Tasse Kaffee nach Feierabend so vorbereitet, dass ich mich sofort wohlfühle.

Ich bin überzeugt davon, dass sich das künftige Wohnen sowohl technisch als auch strukturell an unseren Lebensverlauf anpassen wird. Das wird besonders wichtig im Hinblick auf den demografischen Wandel. Immer mehr Menschen werden Hilfe benötigen – ob in einer stationären Pflegeeinrichtung oder in der ambulanten Betreuung in der eigenen Wohnung. Technik wird in diesen Bereichen eine entscheidende Rolle einnehmen. Das beginnt bei der selbstständigen Heizungsregelung und führt bis zur Notfallüberwachung in kritischen Situationen.

Ebenfalls spannend ist es, zu betrachten, wie Möbel neue Funktionen annehmen können. Die Schreibtischoberfläche zum Beispiel dient derzeit primär nur als Arbeitsfläche: Sie soll glatt sein und genug Platz zum Arbeiten bieten. Ebenso könnte in die Tischplatte aber eine Ladestation eingearbeitet sein, die das Smartphone lädt, ohne dass ich es mit einem Kabel verbinden muss. Das Spannende ist also, dass Nutzgegenstände Funktionen übernehmen könnten, die über ihren eigentlichen Zweck hinausgehen.

Dass die technischen Entwicklungen heute häufig mit Skepsis aufgenommen werden, ist nachvollziehbar, aber nicht immer gerechtfertigt. Die Welt wird zunehmend komplizierter. Technologie hilft uns, dass wir uns leichter orientieren und uns sicher fühlen. Sie lässt uns leichter kommunizieren und teilhaben. Ist ein klarer Nutzen zu erkennen, sinkt auch die Hemmschwelle der Leute, und die Akzeptanz gegenüber der Technologie steigt. 2050 wird unser Zuhause also eine ganze Menge für uns übernehmen, unser Leben ein Stück weit weniger kompliziert machen. […]

Strategie: Sich einen Überblick verschaffen

1 Lies den Text und betrachte die Abbildungen. Benenne das Thema in einem Satz.

Strategie: Den Text gliedern

2 Gliedere den Text in Abschnitte und fasse jeden Abschnitt stichpunktartig zusammen.

Abschnitt 1 (Z. 1–6): Flexibilität des Wohnraums als Vision des Architekturkongresses Ciam von 1929; Abschnitt 2 (Z. 7–):

Strategie: Schwierige und unbekannte Begriffe klären

3 a) Kläre die Bedeutung der im Text unterstrichenen Wörter mithilfe eines Wörterbuchs. Schreibe zu jedem Begriff eine kurze Erklärung in dein Heft.

b) Unterstreiche weitere Wörter im Text, die du nicht kennst, und kläre sie auf die gleiche Weise.

Strategien: Informationen in Texten markieren und den Textinhalt in einer anderen Form wiedergeben

4 Wie unterscheidet sich laut dem Autor das Wohnen der Zukunft von dem der Gegenwart und Vergangenheit? Markiere Textstellen, die dir diese Informationen geben, und trage sie stichpunktartig in die Mindmap ein.

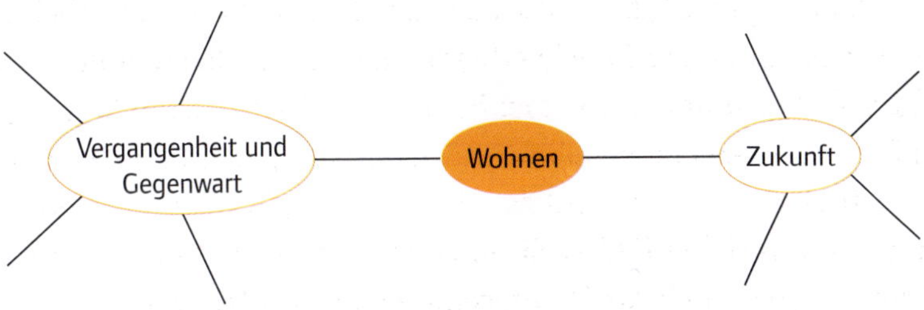

Material 2 **Intelligente Mitbewohner** *Christiane Kaiser-Neubauer*

Wenn die Waschmaschine mit dem Handy kommuniziert, sprechen Experten von Smart-Home-Produkten. Sie sollen das Leben leichter machen.

Digitalisierung, Individualisierung und Vernetzung – das sind die Trendthemen im Bereich Bauen und Wohnen. Nach der Unterhaltungselektronik und Wirtschaft erobern smarte Anwendungen und Produkte den privaten Wohnbereich. Über Applikationen (Apps) gesteuerte Alarmanlagen und Funksteckdosen sind in technikaffinen Haushalten bereits verbreitet. Ihre Bedienung erfolgt durch das Smartphone via Bluetooth oder Internet von unterwegs.
Das Smart-Home-Konzept geht einen Schritt weiter. „Unter Smart Home versteht man ein vernetztes Eigenheim, in dem mehrere Elemente miteinander in Verbindung stehen", sagt Utz Späth, Referent für Digitalisierung der Verbraucherzentrale NRW. So werden Haustechnik für Heizung, Beleuchtung und Sicherheit sowie Haushaltsgeräte gezielt vernetzt und zu einem System verbunden. Ein Heim ist dann intelligent, wenn die Einzellösungen automatisiert agieren, miteinander kommunizieren und zentral gesteuert werden.
Ein Beispiel: Ein System verbindet Heizung, Rollos und Fenster mit den Solarzellen auf dem Hausdach und steuert abhängig vom jeweiligen Sonnenstand, Strompreis und Tagesablauf der Bewohner den Heiz- und Warmwasserbetrieb autonom. Die Bedienung einer zentralen Steuerungseinheit erfolgt von den Bewohnern vor Ort über ein Eingabemodul mit WLAN und auch von unterwegs über das Handy oder Tablet. Ziel eines intelligenten Heims: effizienter Ressourceneinsatz und mehr Komfort für die Bewohner.
Noch ist der Markt für Smart-Home-Angebote klein. Laut Markforscher GfK[1] liegt der Marktanteil der vernetzten Hausgeräte in Europa bei drei Prozent. Doch die Zeichen weisen steil nach oben. Laut einer Studie im Auftrag des Bundesministeriums für Wirtschaft und Energie (BMWi) wird der Umsatz im Bereich Smart Home in Deutschland im Zeitraum 2015 bis 2025 von 2,3 auf 19 Milliarden Euro steigen. „Wir gehen davon aus, dass bis 2020 mehr als jeder vierte deutsche Haushalt mit Smart-Home-Produkten ausgestattet sein wird", sagt Andrea Fluhr, Produktmanagerin von Bosch Smart Home.
Wie der Haushaltsgerätehersteller haben Anbieter aus unterschiedlichsten Branchen das Potenzial erkannt und bringen stetig neue Produkte zur Unterstützung im Haushalt und Steigerung des Wohnkomforts auf den Markt. Mit dabei neben Software- und Internetkonzernen sind Telekom- und Elektronikmarken sowie Hausausstatter für Küche, Bad und Wohnbereich. Nicht alles, was möglich ist, wird sich am Markt durchsetzen. Viele Produkte wie Drohnen zum Einbruchschutz bleiben Spielereien. Eine Waschmaschine, die zum günstigsten Stromtarif wäscht und eine Nachricht aufs Handy verschickt, wenn die Wäsche fertig ist oder eine Störung vorliegt, ist für Bauherren und Mieter da schon von größerem Nutzen. [...]

5 Erschließe den Text. Wähle hierfür geeignete Strategien aus (→ Checkliste auf S. 47). Schreibe in dein Heft.

Material 3 **Wünsche heutiger Internetnutzer an ein Smart Home**

Was würden Sie gerne zu Hause fernsteuern können?

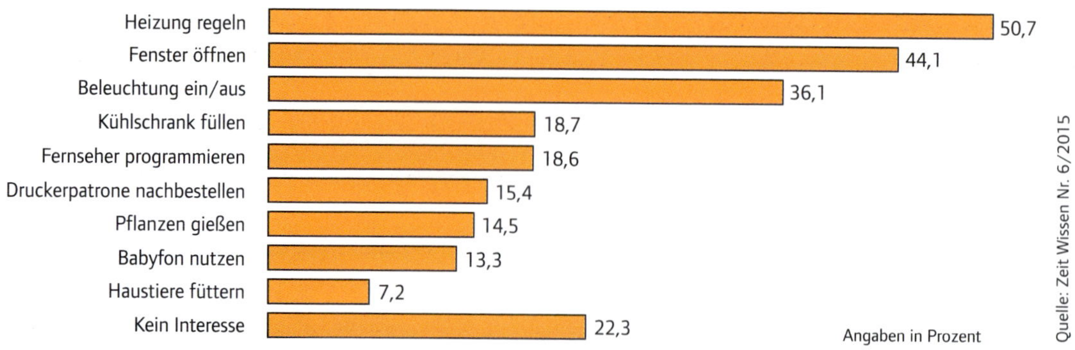

1 GfK: Gesellschaft für Konsumforschung (ein großes deutsches Marktforschungsinstitut)

6 a) Fasse die Informationen des Diagramms (Material 3) zusammen, indem du den Lückentext ergänzt.

Das ________________ – Diagramm hat ________________________________ zum Thema.

Die Ergebnisse stammen aus einer Umfrage ______________________ aus dem Jahr ________.

Dargestellt werden ____

____.

Es fällt auf, dass ____

____

____.

Zusammenfassend lässt sich sagen, dass ____

____.

Material 4 Smart Home – Marktentwicklung

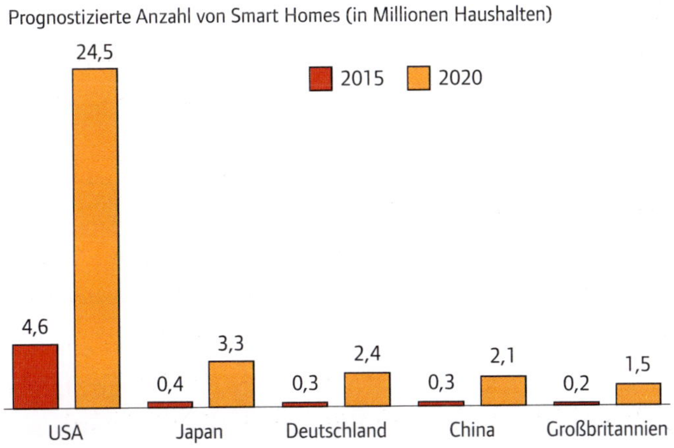

Quelle: Statista (Umfrage aus dem Jahr 2015)

Info: Diagramme auswerten

1. Schritt: Verschaffe dir einen Überblick und notiere das Thema des Diagramms.
2. Schritt: Untersuche die Angaben genauer. Welche Art von Diagramm liegt vor? Was wird dargestellt?
3. Schritt: Beschreibe einzelne Angaben (höchster/niedrigster Wert, Entwicklung, Auffälliges).
4. Schritt: Fasse die Aussagen in eigenen Worten zusammen.

b) Erschließe das Diagramm (Material 4) in den im Infokasten genannten Schritten. Orientiere dich bei deinen Formulierungen an Aufgabe 6 a. Schreibe in dein Heft.

7 Vergleiche die Informationen aus den Diagrammen mit den Informationen aus dem Text (Material 2):
a) Markiere Textstellen, in denen du Informationen aus den Diagrammen wiederfindest.
b) Prüfe, ob die Diagramme den Sachtext bestätigen, ergänzen oder widerlegen. Halte deine Ergebnisse stichpunktartig fest.

____

____

____

____

Material 5 **Dein Haus kennt dich** *Barbara Bachmann*

[...] Im intelligenten Haus wird intimes Wissen gefilmt und übermittelt, Tag für Tag. Es ist wie ein Familienmitglied, vor dem man nichts geheim hält, das aber nicht anders kann, als alles nach außen zu tragen, weil es über das Internet mit der Welt verbunden ist. Das macht intelligente Häuser zu einem Einschnitt in die Privatsphäre. Aber gibt es so etwas heute noch, Privatsphäre? Oder löst sie sich gerade vor unseren Augen auf? Denn offenbar kümmern die Bedenken nicht viele: Die Branche wächst, 2018 soll ein Viertel aller deutschen Haushalte intelligent vernetzt sein. [...]

Intelligentes Wohnen profitiert von einer Entwicklung, die man Internet der Dinge nennt: Smartphones. Tablets. Waschmaschinen, die dann waschen, wenn der Strom am billigsten ist. Kühlschränke, die Milch nachbestellen, wenn diese ausgetrunken ist. Das Internet der Dinge verwebt die reale und die virtuelle Welt miteinander.

Die intelligenten Häuser boomen besonders in den Vereinigten Staaten, aber auch in Ländern wie Brasilien, China, Südkorea. Genauso wie in Deutschland. [Die Firma] Somfy unterscheidet zwischen drei Gruppen von Kunden: den Go-Gos, jung, rastlos, immer online, immer zu wenig Zeit; Slow-Gos: älter als 65 Jahre, wohlhabend, mit Energiesparen und Sicherheit als Priorität; und den No-Gos, den Pflegebedürftigen, die an Service und Vernetzung mit der Außenwelt interessiert sind. Laut einer Statista-Befragung sind die Deutschen vor allem an einem intelligent geregelten Heizsystem interessiert. Bis 2020 sollen die Heizölkosten um rund 60 Prozent ansteigen. Daneben ist die Sicherheitsfrage entscheidend. Lieber verlassen sich die Menschen auf die Technik, als ihren Schlüssel beim Nachbarn zu deponieren. Beliebt ist deshalb die Anwesenheitssimulation, mit deren Hilfe man ein Haus bei Abwesenheit bewohnt wirken lassen kann.

Aber intelligente Häuser schützen keinesfalls vor Einbrechern, im Gegenteil, sie ermöglichen eine neue Form des Einsteigens: übers Netz. Umso verwunderlicher, dass die technische Sicherheit den meisten Nutzern egal sei, sagt Datenschützer Christoph Schäfer. „Die Kaufentscheidung wird vor allem aufgrund von zwei Kriterien getroffen: Funktionalität und Preis."

Manche Anbieter werben mit Sicherheitszertifikaten. Falk Garbsch, Mitglied vom Chaos Computer Club, einer der weltweit größten Hackervereinigungen, beeindrucken sie nicht. „Nur weil der Prüfer keine Lücke findet, heißt es nicht, dass es keine gibt." Sobald die intelligenten Wohnsysteme massenhaft verbreitet seien, „werden auch Angriffe auf die Anlagen zunehmen", sagt Garbsch. Der Hacker hat sich ein paar Anbieter angesehen und festgestellt, dass vor allem die günstigen oft über eine nicht verschlüsselte Funkschnittstelle kommunizieren. „Man könnte ohne besondere Herausforderung über Funk mitlesen, was im Haus passiert, und auch ungewollte Befehle verschicken."

Intelligente Häuser sind die Konsequenz einer Gesellschaft, die kaum noch ein Geheimnis kennt. [...]

8 Erschließe den Text mithilfe geeigneter Strategien (→ Checkliste auf S. 47) und vergleiche ihn mit Material 1:
a) Markiere in beiden Texten Passagen, in denen jeweils die Meinung der Autorin / des Autors deutlich wird.
b) Stelle beide Positionen stichpunktartig einander gegenüber.

Material 1:	Material 5:

9 a) Stelle in einer Tabelle die Vor- und Nachteile eines Smart Homes stichpunktartig gegenüber. Werte hierfür die Materialien 1–5 aus.
b) Markiere in der Tabelle die Argumente, die du am überzeugendsten findest.

Smart Home	
Vorteile	Nachteile
__________	__________
__________	__________
__________	__________
__________	__________
__________	__________
__________	__________
__________	__________
__________	__________
__________	__________

Checkliste ✓	**Sachtexte erschließen**
Strategie: Sich einen Überblick verschaffen	✓ Lies den Text einmal durch und kläre, worum es darin geht.
Strategie: Einen Text gliedern	✓ Unterteile den Text in Abschnitte, die sich inhaltlich unterscheiden (Sinnabschnitte). ✓ Formuliere für jeden Sinnabschnitt eine Überschrift.
Strategie: Informationen in Texten markieren	✓ Prüfe, welche Informationen du benötigst. ✓ Markiere Textstellen, die dir diese Informationen geben.
Strategie: Schwierige und unbekannte Begriffe klären	✓ Versuche, schwierige und unbekannte Begriffe aus dem Zusammenhang zu erschließen. ✓ Schlage in einem Wörterbuch nach, falls notwendig
Strategie: Informationen aus verschiedenen Informationsquellen verknüpfen	✓ Kläre, welche deiner Fragen der Text nicht beantwortet. ✓ Suche andere Texte, Bilder oder Diagramme, die dir bei der Beantwortung dieser Fragen helfen.
Strategie: Texte erweitern	✓ Ergänze Anmerkungen oder zusätzliche Erläuterungen, wenn die Informationen im Text schwer verständlich oder zu ungenau sind.
Strategie: Textinhalte in einer anderen Form wiedergeben	✓ Stelle die Informationen aus dem Text / den Texten übersichtlich dar, z.B. in einer Liste oder einer Mindmap.

Sprache untersuchen

Was kannst du schon? – Wortarten und Formen des Verbs

S. 236

DO IT YOURSELF – MACH ES SELBST!

DER ENGLISCHE AUSDRUCK „DO IT YOURSELF“ LÄSST SICH AM EHESTEN MIT „MACH ES SELBST“ ÜBERSETZEN. MAN ZÄHLT DAZU TÄTIGKEITEN, DIE EIGENSTÄNDIG UND OHNE BESONDERE AUSBILDUNG ODER HILFE AUSGEFÜHRT WERDEN KÖNNEN. SEIT EIN PAAR JAHREN ERHÄLT DIESE KREATIVE BEWEGUNG AUCH DURCH DEN VIDEOKANAL YOUTUBE EINE IMMER GRÖßER WERDENDE FANGEMEINDE. TEILWEISE WERDEN AUCH BEREICHE WIE WOHNRAUMDEKO, UPCYCLING, BASTELN, BACKEN ODER NÄHEN UNTER DIESEM BEGRIFF ZUSAMMENGEFASST.

„WER SICH KREATIV AUSLEBEN WILL, BRAUCHT GAR NICHT VIEL ZUBEHÖR. MANCHMAL REICHEN SCHON STOFF UND EINE NÄHMASCHINE, UM SICH EIN EIGENES KLEIDUNGSSTÜCK ZU NÄHEN“, SAGEN VIELE DIY-ANHÄNGER. IHR MOTTO LAUTET DAHER: „FANG EINFACH AN UND TRAU DICH, AUCH FEHLER ZU MACHEN!“

1 Trage zu jeder Wortart zwei unterschiedliche Beispiele aus dem Text ein.

Nomen (Nominativ Singular)	Artikel	Adjektiv (Positiv)	Adverb

Verb (Infinitiv)	Präposition	Konjunktion	Pronomen

2 a) Unterstreiche im folgenden Satz die Verbformen und bestimme, welcher Satzteil im Aktiv und welcher im Passiv steht.
b) Formuliere den aktiven Satzteil ins Passiv und den passiven Satzteil ins Aktiv um.

Man zählt dazu Tätigkeiten (____________), die eigenständig und ohne besondere Ausbildung oder Hilfe ausgeführt werden können (____________).

____

____

3 a) Bestimme die Zeitform des Prädikats im folgenden Satz und trage sie in die Tabelle ein.
b) Fülle die Tabelle aus, indem du die Verbform in alle anderen Tempusformen setzt.

Teilweise werden auch Begriffe wie Wohnraumdeko, Upcycling, Basteln, Backen oder Nähen unter diesem Begriff zusammengefasst.

Tempus	
Präsens	
Präteritum	
Perfekt	
Plusquamperfekt	
Futur I	

4 a) Gib die blau unterlegten Sätze im Text auf Seite 48 in indirekter Rede wieder.

Viele DIY-Anhänger sagen, wer sich kreativ ausleben

____

____

____

b) Unterstreiche die von dir gebildeten Formen des Konjunktivs I und Konjunktivs II.

5 Formuliere mit den Ausdrücken im Wortspeicher Wünsche in der 1. Person Singular.
In welchen Modus musst du das Verb jeweils setzen?

Ich wünschte, ich

Ich wünschte, ich

Ich wünschte, ich

handwerklich begabt sein · eine Nähmaschine besitzen · sich kreativ ausleben können

Aktiv und Passiv wiederholen

S. 240

1 Setze folgende Sätze ins Passiv:

A Beim Nähen verbindet man zwei unterschiedliche Stoffbahnen miteinander zu einem größeren Stück.

Beim Nähen werden zwei

B Vor dem eigentlichen Nähvorgang fädelt man das Nähgarn in die Nadel ein.

C Besonders aufwendige Kleidungsstücke nähen meistens nur fortgeschrittene Näherinnen und Näher.

2 Korrigiere die Fehler, die bei der Übertragung ins Aktiv bzw. Passiv unterlaufen sind, indem du die Sätze richtig aufschreibst.

A	Aktiv	Übertragung ins Passiv
	Sie näht ihrer Schwester ein Kleid.	Das Kleid ist von ihrer Schwester genäht worden.
B	Passiv	Übertragung ins Aktiv
	Die defekte Nähmaschine wurde vom Mechaniker ordnungsgemäß repariert.	Die defekte Nähmaschine ist ordnungsgemäß repariert.
C	Aktiv	Übertragung ins Passiv
	Die Nähmaschine zählt für die meisten DIY-Anhänger zur Grundausstattung.	Die meisten DIY-Anhänger werden die Nähmaschine zur Grundausstattung zählen.

A

B

C

Den Konjunktiv I und II wiederholen

S. 248

1 a) Bilde den Konjunktiv I und II von *sein* und *wissen*. Verwende dazu beim Konjunktiv I den Präsensstamm und beim Konjunktiv II die 1. Person Singular Präteritum als „Brücke".
b) Markiere die Formen des Konjunktivs I farbig, die sich nicht vom Indikativ unterscheiden.

Konjunktiv I		Konjunktiv II	
sein Brücke:	*wissen* Brücke:	*sein* Brücke:	*wissen* Brücke:
ich	ich	ich	ich
du	du	du	du
er	sie	es	er
wir	wir	wir	wir
ihr	ihr	ihr	ihr
sie	sie	sie	sie

2 Gib einen der beiden Abschnitte A oder B des folgenden Interviews in der indirekten Rede wieder. Nutze deine Vorarbeit aus Aufgabe 1. Schreibe in dein Heft.

Mein DIY-Blog: Für mich das schönste Hobby der Welt

Die Bloggerin Svenja im Interview über ihren Do-it-yourself-Blog.

A Warum lohnt es sich, Dinge selbst zu machen?
Das Gefühl, etwas Selbstgemachtes in den Händen zu halten, ist einfach großartig – das weiß wahrscheinlich jeder DIY-Freund! Und auch der Weg dorthin ist für mich immer etwas Besonderes: Basteln, Nähen und Stricken haben einfach etwas Beruhigendes und Meditatives. Ich liebe es, in diesem Tunnel zu sein und dann hinterher auch noch mit einem (hoffentlich gelungenen) selbst gemachten Stück belohnt zu werden. Für mich ist es das schönste Hobby der Welt!

B Warum ist das Thema Upcycling so wichtig für dich?
Wir alle schmeißen so viele Dinge weg oder kaufen 1 000 neue Sachen, sogar für Bastelprojekte. Oft muss das jedoch gar nicht sein, wir alle haben so viele Dinge zu Hause herumliegen, die nur darauf warten, in neuem Licht zu erstrahlen. Mit der Kategorie Upcycling will ich Inspiration liefern und dazu anregen, dass man oft mit vorhandenen Materialien auch noch tolle Projekte basteln und nähen kann und dass individuelle Geschenke und DIY auch mit ganz kleinem Budget und ohne Riesenaufwand möglich sind.

A Auf die Frage, warum es sich lohne, Dinge selbst zu machen, antwortet die Bloggerin Svenja, das Gefühl, etwas Selbstgemachtes in den Händen zu halten, ...

B Auf die Frage, warum das Thema Upcycling so wichtig für sie sei, antwortet die Bloggerin Svenja, wir alle ...

Mit Modalverben die Aussage verändern

S. 252

1 a) Markiere in den folgenden Sätzen alle Modalverben.
b) Mit den gewählten Modalverben sind die Sätze wenig sinnvoll. Schreibe sie mit einem passenden Modalverb ab und markiere dieses.
c) Schreibe jeweils in Klammern, was durch das von dir gewählte Modalverb ausgedrückt wird. Nutze die Begriffe aus dem Wortspeicher.

A Häkeln, brauen, gärtnern, basteln, bauen: Immer mehr Menschen sollen in ihrer Freizeit kreativ arbeiten.

B Vor 15 Jahren durfte Selbstgemachtes manchmal sein, weil man sich finanziell nichts anderes leisten wollte.

C Heutzutage müssen viele Menschen Selbstgemachtes verschenken und geschenkt bekommen.

D Viele Menschen können sich entspannen und da man beim Selbermachen beide Hände braucht, möchte man nicht nebenbei noch tippen oder telefonieren.

E Wenn die Hände voller Kleister, Mehl oder Gartenerde sind, muss man nicht aufhören.

A Immer mehr Menschen wollen in ihrer Freizeit kreativ arbeiten. (Bereitschaft)

Pflicht · Zwang · Wunsch · Möglichkeit · Empfehlung · Fähigkeit · Erlaubnis · Bereitschaft

2 a) Markiere alle Modalverben in den Sätzen. Achtung: Sie kommen hier auch im Konjunktiv II vor!
b) Untersuche, welche Bedeutung die Modalverben jeweils für die Aussage des Satzes haben, und formuliere die Sätze um. Wähle dazu passende Begriffe aus dem Wortspeicher und schreibe in dein Heft.

A Wer schon einmal versucht hat, ohne Plastik auszukommen, dürfte wissen, wie schwierig das ist.

B Doch es gibt immer mehr Alternativen, die ein guter Ersatz für Plastik sein könnten.

C Mittlerweile soll es sogar Obstnetze aus Holz, Wasserflaschen aus Algen und Folie aus Milch geben.

D Solltest du Interesse an solchen Alternativen haben, kannst du viele von ihnen selbst herstellen.

A Wer schon einmal versucht hat, ohne Plastik auszukommen, weiß wahrscheinlich, ...

angeblich · möglicherweise · wahrscheinlich · falls · vermutlich · vielleicht · sicher

Teste dich! **Aktiv und Passiv; Konjunktiv I und II; Modalverben**

1 a) Entscheide, ob der Satz im Aktiv oder Passiv formuliert ist. Schreibe in die Klammer.
b) Formuliere den aktiven Satz ins Passiv um und umgekehrt.

A Beim Origami-Falten wird meist quadratisches Papier von den Bastlern verwendet. (__________)

B Geübte Bastler falten auch aus rundem Papier die verschiedensten Modelle. (__________)

A ______________________________

B ______________________________

____

2 Gib den folgenden Interviewausschnitt in der indirekten Rede wieder.

Mein DIY-Blog: Für mich das schönste Hobby der Welt *(Fortsetzung)*

Wie entscheidest du, in welcher Kategorie deines DIY-Blogs ein Beitrag erscheint?
Im Grunde wähle ich meine Themen immer danach aus, worauf ich gerade selbst am meisten Lust habe. Manchmal nähe ich lieber, manchmal kann ich die Stricknadeln nicht aus der Hand legen und ganz oft landen auch selbst gemachte Geschenke im Blog – nach dem Verschenken, versteht sich.

____

____

____

____

____

____

____

3 Setze das passende Modalverb ein.

	Modalverb		Aussage
Ich		wegen meiner guten Kunst-Note an der DIY-AG teilnehmen.	Erlaubnis
		dort viele praktische Erfahrungen sammeln.	Möglichkeit
		dort alle Weihnachtsgeschenke selber basteln.	Absicht
		meine Ergebnisse am Tag der offenen Tür präsentieren.	Verpflichtung
		dadurch andere dazu anregen, Dinge selber herzustellen.	Auftrag

Was kannst du schon? – Sätze und ihre Gliederung

S. 256, S. 258

1 Unterstreiche je ein Beispiel für einen einfachen Hauptsatz, für eine Satzreihe und für ein Satzgefüge.

A Willst du dir das Leben leichter machen?

B Probiere Life-Hacks aus!

C „Life-Hack“ kann mit „Alltagstrick“ übersetzt werden.

D Häufig werden Dinge dabei kreativ umfunktioniert oder in einem neuen Zusammenhang verwendet.

E Darüber hinaus zählen auch Verfahren zu den Life-Hacks, die zwar ebenfalls den Alltag erleichtern wollen, aber Dinge nicht zweckentfremden.

F Auf YouTube bilden Life-Hacks eine eigene Klasse von Videos mit hilfreichen Tipps.

2 Kreuze an, welches Satzbaumodell zu Satz E passt.

A ☐ Nebensatz, ______ Hauptsatz ______, Nebensatz.

B ☐ ______ Hauptsatz ______, Nebensatz, Nebensatz.

3 a) Stelle die Sätze A, B, C und F im Feldermodell dar.

b) Bestimme, ob es sich jeweils um einen Verberst- oder Verbzweitsatz handelt. Notiere in der ersten Spalte V1 für Verberstsatz oder V2 für Verbzweitsatz.

Satzklammer

	Vorfeld	Linke Satzklammer: finiter Prädikatsteil	Mittelfeld	Rechte Satzklammer: 2. Teil des Prädikats
A				
B				
C				
F				

4 Finde in den Sätzen aus Aufgabe 1 je ein Beispiel für die folgenden adverbialen Bestimmungen:

– Adverbiale Bestimmung der Zeit: ____________________

– Adverbiale Bestimmung der Art und Weise: ____________________

– Adverbiale Bestimmung des Ortes: ____________________

Was kannst du schon? – Subjekt-, Objekt- und Adverbialsätze

S. 262, S. 264

1 Kreuze an, welches Satzglied jeweils durch den Nebensatz ersetzt wird. Nutze dazu die Frageprobe.

		Subjekt	Objekt
A	Wer mehrere Bügel platzsparend aufhängen möchte, kann folgenden Life-Hack bestimmt gewinnbringend nutzen.		
B	Wichtig ist, dass man den unbeschädigten Deckel einer Dose – z. B. einer Coladose – verwendet.		
C	Der Life-Hack funktioniert dadurch, dass man den Verschluss um den Haken eines Kleiderbügels hängt.		
D	Dass mit der noch freien Öse weitere Haken aufgehängt werden können, ist für viele Life-Hack-Fans ein Anreiz zum Nachmachen.		

2 a) Streiche in den folgenden Sätzen die falschen Konjunktionen zur Einleitung der Adverbialsätze durch.
b) Benenne mithilfe des Wortspeichers die Art des jeweiligen Adverbialsatzes und trage die Bezeichnung in die rechte Spalte ein.

A	Deine Zimmerpflanzen sollen blühen, ~~nachdem~~ / obwohl du eine Woche oder länger nicht zu Hause bist?	Konzessivsatz
B	Damit / Wenn deine Pflanzen nicht vertrocknen, kannst du dir folgenden Life-Hack zunutze machen:	
C	Du benötigst dafür nicht mehr als eine Wasserflasche, etwas Küchenpapier und eine Gabel, da / wenngleich du auch nach Alternativen suchen kannst, als / falls du die genannten Haushaltsgegenstände gerade nicht zur Hand hast.	1. 2.
D	Indem / Bevor du mit der Gabel drei Löcher in den Flaschendeckel stichst, gewährleistest du die spätere Wasserversorgung der Pflanze.	
E	Da / Sobald das Wasser stetig tropfen und nicht auf einmal hinauslaufen soll, legst du noch das Stück Küchenrolle in den Deckel, bevor / wie du ihn verschließt.	1. 2.
F	Obwohl / Solange die Wasserflasche kopfüber in der zu bewässernden Pflanze steht, ist die Wasserzufuhr gesichert.	
G	Wenn / Während du alles richtig gemacht hast, musst du den leeren Behälter nur zeitweise nachfüllen.	

Temporalsatz (Zeit) · **Konzessivsatz** (Einräumung) · **Kausalsatz** (Grund) · **Modalsatz** (Art und Weise) · **Konditionalsatz** (Bedingung) · **Konsekutivsatz** (Folge) · **Finalsatz** (Absicht, Zweck)

Sätze und ihre Gliederung

S. 256, S. 258

DIY-Ideen, für die du nur eine Ikea-Tasche brauchst

Sie kann schwedische Deko und Duftkerzen tragen. Doch sie kann auch mehr, viel mehr – die Alleskönner-Tasche Frakta. Jeder hat sie, jeder liebt sie – eigentlich. Dennoch liegen viele vergessene Exemplare auf dem Dachboden oder im Keller herum. Irgendwo findet man immer eine der blauen Tüten. Gerade mal 50 Cent kostet die blaue Knitter-Tüte des schwedischen Möbelhauses, doch auch bei so einem Preis ist Frakta viel zu schade, um ungenutzt in der Ecke zu liegen. Immerhin kann die Einkaufstasche echte Traummaße aufweisen: ein Fassungsvermögen von einem Volumen bis zu 71 Litern. Das robuste, wasserabweisende Material hält so einiges aus, und selbst vollgepackt trägt die große Blaue locker 25 Kilogramm. Echt praktisch. Die Tasche ist einfach Kult – daher finden sich im Netz auch haufenweise DIY-Anleitungen. Tatsächlich geht es erst nach den Einkaufstouren im Leben einer Frakta-Tüte so richtig los: Dann wird aus der Tasche ein Blumenbeet, ein Rucksack, eine Picknickdecke, eine Grill-Schürze, eine Schaukel oder sogar ein Trainingsgerät für draußen.

1 Zeichne ein Satzbaumodell (→ S. 54, Aufgabe 2) für den unterstrichenen Satz.

2 a) Stelle die blau markierten Sätze im Feldermodell dar.

Satzklammer

Vorfeld	Linke Satzklammer: finiter Prädikatsteil	Mittelfeld	Rechte Satzklammer: 2. Teil des Prädikats

b) Bestimme das Prädikat und die einzelnen Satzglieder und Satzgliedteile. Nutze die Abkürzungen unten.
Tipp: Alle Teile eines Satzes, die du ins Vorfeld stellen kannst, sind Satzglieder.

Adv. Best.

Dennoch liegen viele vergessene Exemplare auf dem Dachboden oder im Keller herum.

Irgendwo findet man immer eine der blauen Tüten.

Adverbiale Bestimmung: **Adv. Best.** · Subjekt: **Subj.** · Prädikat: **Präd.** · Objekt: **Obj.** · Attribut: **Attr.**

Satzgefüge im Feldermodell darstellen

S. 261

1 a) Unterstreiche einfache Hauptsätze, Satzreihen und Satzgefüge mit unterschiedlichen Farben.

A Viele Do-it-yourself-Anhänger haben sich bereits unterwegs einen Lautsprecher für ihr Handy gebaut.

B Ein Bluetooth-Lautsprecher ist nicht immer in der Nähe, wenn man gerne laut Musik hören möchte.

C Das Handy dagegen hat man immer dabei und mit den richtigen Tricks entfaltet das kleine Gerät einen schönen satten Klang.

D Du kannst die Gesetze der Akustik nutzen, indem du dir aus Chipsdosen, Plastikbechern oder Papprollen einen Verstärker für dein Handy baust.

E Diese Haushaltsgegenstände wandelst du zu einem Resonanzkörper um und versetzt die Audiosignale aus dem integrierten Lautsprecher deines Smartphones in größere Schwingungen.

F Die Schwingungen nimmst du dann als stärkere Schallwellen beziehungsweise höhere Lautstärke wahr.

b) Trage Satz D wie im Beispiel in das Feldmodell ein und stelle den Nebensatz einmal ins Vorfeld, einmal ins Mittelfeld und einmal ins Nachfeld. Du kannst den Nebensatz wie im Beispiel abkürzen.

Satzklammer

Vorfeld	Linke Satzklammer: finiter Prädikatsteil	Mittelfeld	Rechte Satzklammer: 2. Teil des Prädikats	Nachfeld
Wenn man ... möchte,	ist	nicht immer ein Bluetooth-Lautsprecher in der Nähe.	-	-
Ein Bluetooth-Lautsprecher	ist,	wenn man ... möchte, nicht immer in der Nähe.	-	-
Ein Bluetooth-Lautsprecher	ist	nicht immer in der Nähe,	-	wenn man ... möchte.

Adverbialsätze unterscheiden

S. 262

1 a) Markiere die adverbialen Bestimmungen und bestimme sie.
b) Bilde einen bedeutungsgleichen Adverbialsatz. Nutze Konjunktionen aus dem Wortspeicher.

Adv. Best. des Grundes

A Wegen einer immer kürzeren Lebensdauer von Alltagsgegenständen wurden die ersten Repair-Cafés eröffnet.

B Die Reparatur wird erst nach einer ausführlichen Fehlerdiagnose vorgenommen.

C Eine vollständige Instandsetzung kann nur mit Geduld und Sachkenntnis geleistet werden.

A Weil die Lebensdauer von Alltagsgegenständen immer kürzer wurde, wurden die ersten Repair-Cafés eröffnet.

nachdem · sobald · da · wenn · weil · damit · obwohl · während · sodass · indem

2 Verbinde die beiden Hauptsätze zu einem Satzgefüge. Wähle dazu die jeweils passende Konjunktion aus.

A In Deutschland gibt es mittlerweile mehr als 500 Initiativen. Die Nachfrage nach Repair-Cafés hat stetig zugenommen. (wie / damit / weil)

B Inhaber von Repair-Cafés wollen ein Zeichen gegen die Wegwerfgesellschaft setzen. Sie reparieren Waren, deren Defekte oftmals von der Industrie geplant worden sind. (wenn / als / indem)

C Einige wenige Repair-Cafés besitzen sogar 3D-Drucker. Defekte oder fehlende Bauteile können neu hergestellt werden. (sodass / obwohl / nachdem)

Teste dich! Die Gliederung des Satzes; Adverbialsätze

1 a) Beschrifte die Tabelle zum Feldermodell.
b) Ordne die folgenden Sätze in das Feldermodell ein.

A Würdest du auch gerne mal wieder Geschenke basteln?
B Im Internet findest du DIY-Geschenkideen für jeden Geschmack.

c) Bestimme, ob es sich jeweils um einen Verberst- oder Verbzweitsatz handelt.

Satz A: Satz B:

d) Bestimme das Prädikat sowie alle Satzglieder und Satzgliedteile in Satz B. Nutze die Abkürzungen.

Im Internet findest du DIY-Geschenkideen für jeden Geschmack.

Adverbiale Bestimmung: **Adv. Best.** · Subjekt: **Subj.** · Prädikat: **Präd.** · Objekt: **Obj.** · Attribut: **Attr.**

2 Forme die beiden Hauptsätze jeweils mit der passenden Konjunktion zu einem Satzgefüge um. Unterstreiche anschließend die Adverbialsätze.

A – Upcycling ist noch umweltbewusster als Recycling.
– Man verwendet dabei Abfall als Material für die Herstellung neuer Produkte.

B – Beim Upcycling brauchst du ein bisschen Fantasie und viel Müll bzw. Nutzloses.
– Du kannst etwas Neues, z. B. einen Schlüsselanhänger aus einem Korken, herstellen.

– während
– da
– damit
– obwohl

Subjektsätze und Objektsätze unterscheiden

S. 264

1 a) Ermittle mithilfe der Frageprobe, ob es sich bei den unterstrichenen Satzgliedern um ein Subjekt oder Objekt handelt. Wandle sie in einen passenden Subjekt- oder Objektsatz um.

Wen/was? → Objekt

A ☐ Von den Mitarbeitern der Repair-Cafés erwarten die Hilfesuchenden eine Reparatur ihrer defekten Alltagsgegenstände.

☐ *Von den Mitarbeitern der Repair-Cafés erwarten die Hilfesuchenden, dass* __________

____

B ☐ Die dort anwesenden ehrenamtlichen Helfer danken den Besuchern ihre anhaltende Geduld bei der Reparatur.

☐ __________

____

C ☐ Das kostenlose Instandsetzen der mitgebrachten Gegenstände freut die Besucher des Repair-Cafés sehr.

☐ __________

____

b) Welche Variante würdest du jeweils wählen? Welche ist sprachlich besser gelungen? Kreuze an.

c) Überprüfe in den folgenden Beispielen die Stellung des Objektsatzes und kreuze unten die korrekten Aussagen an.

Achtung, Fehler!

- *Objektsatz im Nachfeld:* *Von den Mitarbeitern der Repair-Cafés erwarten die Hilfesuchenden, dass ihre defekten Alltagsgegenstände repariert werden.*
- *Objektsatz im Vorfeld:* *Dass ihre defekten Alltagsgegenstände repariert werden, erwarten die Hilfesuchenden von den Mitarbeitern der Repair-Cafés.*
- *Objektsatz im Mittelfeld:* *Von den Mitarbeitern der Repair-Cafés erwarten, dass ihre defekten Alltagsgegenstände repariert werden, die Hilfesuchenden.*

☐ Der Objektsatz kann im Mittel- und Nachfeld des Satzes stehen, nicht aber im Vorfeld.
☐ Der Objektsatz kann nur im Nachfeld stehen.
☐ Der Objektsatz kann im Vor- und Nachfeld des Satzes stehen, nicht aber im Mittelfeld.
☐ Der Objektsatz kann im Vor-, Mittel- und Nachfeld des Satzes stehen.

Partizipgruppen erkennen und umformen

S. 266

1 Bilde das Partizip I und Partizip II zu folgenden Infinitiven. Nutze dazu den Wortstamm.

Infinitiv	Wortstamm	Partizip I	Partizip II
laufen	lauf-	lauf - end	ge - lauf - en
fahren			
reden			
ärgern			
studieren			
bringen			
nehmen			
treffen			

Info: Partizip I und II

Das **Partizip I** wird mit dem Wortstamm + (e)nd gebildet.
Das **Partizip II** wird oft so gebildet:
Präfix + Wortstamm + (e)t / en.
Bei einigen Verben ändert sich dabei der Wortstamm, z. B. *schwimmen* → *geschwommen*.
Verben auf *-ieren* bilden das Partizip II mit dem Wortstamm + t.
Daneben gibt es noch weitere unregelmäßige Formen, die man lernen muss.

2 a) Unterstreiche in den folgenden Sätzen das Partizip I und das Partizip II mit unterschiedlichen Farben. Markiere dann die gesamte Partizipgruppe wie im Beispiel.

b) Forme die Partizipgruppe in einen Adverbial- oder Relativsatz um. Schreibe den ganzen Satz ab.

c) Kreuze an, welche der beiden Satzvarianten du jeweils den Vorzug geben würdest.

☐ A Meinem Wunsch nach einer Veränderung entsprechend, habe ich mein Zimmer umgestaltet.

☐ B Fest entschlossen, meine tägliche Umgebung zu verschönern, habe ich mich nicht von meinem kleinen Budget abhalten lassen.

☐ C Die Wände, in verschiedenen Rottönen gestrichen, lassen den Raum nun ganz anders wirken.

☐ D Zum Schluss baute ich mir noch einen neuen Schreibtisch, alte Obstkisten aus dem Keller verwendend.

☐ A Indem ich meinem Wunsch nach Veränderung entsprach, habe ich mein Zimmer umgestaltet.

☐ B ______________________________

____

☐ C ______________________________

____

☐ D ______________________________

____

Infinitivgruppen erkennen und verwenden

S. 268

1 a) Untersuche, welcher der folgenden Sätze eine Infinitivgruppe enthält. Unterstreiche diese.
b) Unterstreiche in den übrigen Sätzen die Satzteile, die du durch eine Infinitivgruppe ersetzen kannst, mit einer zweiten Farbe und formuliere sie in deinem Heft in eine Infinitivgruppe um.

A Passend zur DIY-Bewegung gibt es momentan den Trend des Selberbackens.

B Vor allem Motivtorten sind dazu geeignet, seiner Kreativität freien Lauf zu lassen.

C Das spontane Backen einer Motivtorte ist allerdings kaum möglich.

D Erfahrene Motivtorten-Bäcker raten, mindestens drei Tage für das Backen einer Motivtorte einzuplanen.

E Auch bei einer Motivtorte ist am Anfang das Backen eines einfachen Rühr- oder Biskuitteigs nötig.

F Mit der Dekoration der Motivtorte muss man bis zum Schluss warten.

G Beim Anblick der aufwendig verzierten Motivtorte kostet ihr Anschneiden schon ein wenig Überwindung.

H Der nächste Geburtstag bietet sicherlich wieder die Gelegenheit, einen Kuchen zu entwerfen, den man mit Augen und Gaumen genießen kann.

A Passend zur DIY-Bewegung gibt es momentan den Trend, selbst zu backen.

2 a) Setze die einzelnen Wortgruppen im Wortspeicher zu vollständigen Sätzen zusammen. Unterstreiche die Infinitivgruppe.

___

___

___

(1) zählt zur · Leidenschaft · zu backen · Cake-Pops · vieler Hobbybäcker
(2) zu haben · zahlreiche Kniffe und Tricks · beachtet werden · um · Erfolg · müssen

b) Ordne Satz (2) aus Aufgabe 2a) ins Feldermodell ein. Stelle die Infinitivgruppe ins Vor-, Mittel- und Nachfeld.

Satzklammer

Vorfeld	Linke Satzklammer: finiter Prädikatsteil	Mittelfeld	Rechte Satzklammer: 2. Teil des Prädikats	Nachfeld

Teste dich! Subjekt- und Objektsätze; Infinitiv- und Partizipgruppen

1 Wandle die unterstrichenen Satzglieder in einen passenden Subjekt- oder Objektsatz um.

A Ich hatte zufällig von der Neueröffnung eines Repair-Cafés bei mir in der Nähe gehört.

B Die schnelle und unkomplizierte Reparatur meines kaputten Handys im Repair-Café hat mich überrascht.

2 a) Markiere in den folgenden Sätzen alle Partizipgruppen. Bestimme, ob es sich um das Partizip I oder das Partizip II handelt, und unterstreiche in den entsprechenden Farben.

A Kreatives Basteln macht, viel Raum zur Verwirklichung der eigenen Ideen lassend, glücklich.

B Aus Resten oder haushaltsüblichen Dingen hergestellt, sind DIY-Geschenke viel günstiger als gekaufte.

C Ein tolles Ergebnis in den Händen haltend, weiß man, worin man seine Zeit investiert hat.

b) Wandle die Partizipgruppe in Satz A in einen Adverbialsatz um. Behalte den Sinn des Satzes bei.

A

3 Ersetze die unterstrichenen Satzteile durch eine Infinitivgruppe. Achte auf die Kommasetzung.

A Viele DIY-Anhänger legen Wert auf die Verpackung ihres selbst gemachten Geschenks mit einem besonderen und ebenfalls selbst gemachten Geschenkpapier.

B Die vielen DIY-Anleitungen im Internet versprechen großen Spaß am Selbermachen.

A

B

Rechtschreibregeln und -strategien anwenden

Was kannst du schon?

S. 284

Als Gastschülerin in Dublin

Achtung, Fehler!

Als fest stand das ich für drei Wochen nach Dublin gehen würde kamen doch einige bange Fragen auf: Werde ich mit meiner Gast Familie auskommen? Wie wird die Schule sein? Werde ich das Irische englisch verstehen? Schon auf dem Flughafen war mir nach der ersten Begrüßung klar: Mit dieser Gastfamilie hatte ich ins schwarze getroffen ich war sofort teil der Familie. Die Schule war Anfangs ein Problem dass ich so nicht erwartet hätte. Der lange Schultag schien garnicht enden zu wollen. Zwar begann der Unterricht erst um neun Uhr aber man versammelte sich jeden morgen bereits um acht Uhr. Der Schultag dauerte dann bis vier Uhr Nachmittags sodass ich acht Stunden in der Schule war und anschließend eigentlich nur noch auf das Sofa fallen wollte. Daran war aber garnicht zu denken denn in Irland gibt es Trotz des langen Schultags jeden Tag Hausaufgaben! Also war noch am späten nachmittag Mathe Englisch oder Physik angesagt. Beim lösen von Algebra-Aufgaben musste ich allerdings gegen das ständige zufallen meiner Augen ankämpfen. Der irische Akzent machte mir zu anfang schon Schwierigkeiten. Ich war nicht sicher ob ich das wesentliche mit bekam und das ewige nachfragen war nervig. Aber dass wurde recht schnell besser. Sonst war alles toll und für mich ist klar das ich nächstes Jahr wieder in Dublin bin dann aber ohne Schule!

1. Überprüfe den Text auf Fehler im Bereich der Rechtschreibung und der Zeichensetzung.
   a) Unterstreiche die Fehlerstellen und ergänze die fehlenden Kommas.
   b) Schreibe den Text in korrekter Form in dein Heft.
   c) Vergleiche deinen Text mit der Lösung im Lösungsheft und notiere Bereiche, in denen du nicht rechtschreibsicher bist (z. B. Groß- und Kleinschreibung, Unterscheidung von *das* und *dass*, Getrennt- und Zusammenschreibung). Nutze die Übungsmöglichkeiten in diesem Kapitel, um dich zu verbessern.

Regeln und Strategien zur Groß- und Kleinschreibung wiederholen

Großschreibung von Nominalisierungen

S. 287

Achtung, Fehler!

schüleraustausch macht jugendliche selbstbewusster

(1) Knapp 20 000 deutsche jugendliche gehen jährlich im rahmen eines schüleraustauschs ins ausland. Der aufenthalt soll zum verbessern der sprachkenntnisse, zum erweitern des horizonts und zum stärken sozialer kompetenzen beitragen. Kann er aber auch den selbstwert beeinflussen, hat er also auswirkungen darauf, wie positiv oder negativ ein junger mensch sich selbst wahrnimmt? Dieser interessanten frage gingen forscher in einer aktuellen studie nach.

(2) Ein zentrales ergebnis dieser studie: Die austauschschüler sahen sich nach ihrem in der regel einjährigen aufenthalt in einem positiveren licht als vorher. Im gegensatz dazu beobachteten die forscher bei den daheimgebliebenen keine selbstwertveränderung. Vor allem solche jugendliche, die vor ihrem aufenthalt im ausland ein weniger positives bild von sich hatten, scheinen am meisten zu profitieren – zusätzlich zu den erweiterten sprachkenntnissen.

(3) Aber nicht nur das persönliche reifen, sondern auch die möglichkeit zum knüpfen neuer sozialer kontakte ist für viele reisewillige ein grund, wenn nicht sogar der wichtigste, ins ausland zu gehen. Diese beiden aspekte scheinen voneinander abzuhängen: Wer trotz des anfänglichen gefühls des fremdseins die erfahrung sozialen eingebettetseins macht und freunde findet, bei dem ist ein deutliches ansteigen des selbstwerts zu verzeichnen.

1 a) Unterstreiche Nomen und Nominalisierungen, die du an den bekannten Nomensignalen oder mithilfe der Erweiterung durch Begleitwörter erkennen kannst.
b) Markiere zusammenhängende Nominalgruppen wie im Beispiel.
c) Wähle einen der drei Textabschnitte aus und schreibe ihn in richtiger Groß- und Kleinschreibung ab.

Zeitangaben richtig schreiben

S. 288

Ein Tag an einer englischen Boarding School

Spätestens um sieben Uhr MORGENS ist die Nacht zu Ende – VON MONTAGS BIS FREITAGS durchgehend. Ausschlafen ist WOCHEN?TAGS nicht möglich. Der Unterricht beginnt zwar erst später AM MORGEN, nämlich um 8.30 Uhr, aber die anderthalb Stunden vorher ist man schon gut auf Trab: Um 7.20 Uhr geht es zum Frühstück in die Dining Hall, dann zurück zum Zimmeraufräumen, denn pünktlich um 8 Uhr kommt die Housemistress zur Kontrolle. Schon EINE VIERTELSTUNDE später steht sie zur Registration bereit und kontrolliert die Anwesenheit der Schülerinnen und Schüler im Unterricht. Unterrichtet wird nicht nur AM VORMITTAG, sondern BIS ZUM FRÜHEN NACHMITTAG, und zwar in kleinen Klassen mit nur acht Schülerinnen und Schülern. WÄHREND DES GANZEN VORMITTAGS gibt es nur eine Pause von zwanzig Minuten. Die Stunde, die uns MITTAGS zugestanden wird, nutzen wir nicht nur zum Essen, sondern auch zum Ausruhen und vor allem zum Quatschen. JEDEN NACHMITTAG steht Sport auf dem Programm und AM FRÜHEN ABEND ist „Prep Time“ – Hausaufgaben und ruhiges Lernen. Um 19 Uhr ist gemeinsames Dinner, danach endlich Freizeit. Ich habe mich HEUTE?ABEND zum Spielen verabredet. Nur SAMSTAGS?ABENDS ist Party erlaubt. Sonst ist JEDEN ABEND um 10 Uhr Bettruhe.

1. Sortiere die Zeitangaben nach Groß- und Kleinschreibung. Achte auf Nomensignale und unterstreiche sie.

Großgeschriebene Zeitangaben (Zeitangaben als Nomen)	Kleingeschriebene Zeitangaben (Zeitangaben als Adverbien)
am Morgen	morgens

Gemischt (Verbindung von Zeitadverb und Tageszeit)

Regeln und Strategien zur Groß- und Kleinschreibung wiederholen

Großschreibung von Nominalisierungen

S. 287

Achtung, Fehler!

schüleraustausch macht jugendliche selbstbewusster

(1) Knapp 20 000 deutsche jugendliche gehen jährlich im rahmen eines schüleraustauschs ins ausland. Der aufenthalt soll zum verbessern der sprachkenntnisse, zum erweitern des horizonts und zum stärken sozialer kompetenzen beitragen. Kann er aber auch den selbstwert beeinflussen, hat er also auswirkungen darauf, wie positiv oder negativ ein junger mensch sich selbst wahrnimmt? Dieser interessanten frage gingen forscher in einer aktuellen studie nach.

(2) Ein zentrales ergebnis dieser studie: Die austauschschüler sahen sich nach ihrem in der regel einjährigen aufenthalt in einem positiveren licht als vorher. Im gegensatz dazu beobachteten die forscher bei den daheimgebliebenen keine selbstwertveränderung. Vor allem solche jugendliche, die vor ihrem aufenthalt im ausland ein weniger positives bild von sich hatten, scheinen am meisten zu profitieren – zusätzlich zu den erweiterten sprachkenntnissen.

(3) Aber nicht nur das persönliche reifen, sondern auch die möglichkeit zum knüpfen neuer sozialer kontakte ist für viele reisewillige ein grund, wenn nicht sogar der wichtigste, ins ausland zu gehen. Diese beiden aspekte scheinen voneinander abzuhängen: Wer trotz des anfänglichen gefühls des fremdseins die erfahrung sozialen eingebettetseins macht und freunde findet, bei dem ist ein deutliches ansteigen des selbstwerts zu verzeichnen.

1 a) Unterstreiche Nomen und Nominalisierungen, die du an den bekannten Nomensignalen oder mithilfe der Erweiterung durch Begleitwörter erkennen kannst.
b) Markiere zusammenhängende Nominalgruppen wie im Beispiel.
c) Wähle einen der drei Textabschnitte aus und schreibe ihn in richtiger Groß- und Kleinschreibung ab.

Zeitangaben richtig schreiben

S. 288

Ein Tag an einer englischen Boarding School

Spätestens um sieben Uhr MORGENS ist die Nacht zu Ende – VON MONTAGS BIS FREITAGS durchgehend. Ausschlafen ist WOCHEN?TAGS nicht möglich. Der Unterricht beginnt zwar erst später AM MORGEN, nämlich um 8.30 Uhr, aber die anderthalb Stunden vorher ist man schon gut auf Trab: Um 7.20 Uhr geht es zum Frühstück in die Dining Hall, dann zurück zum Zimmeraufräumen, denn pünktlich um 8 Uhr kommt die Housemistress zur Kontrolle. Schon EINE VIERTELSTUNDE später steht sie zur Registration bereit und kontrolliert die Anwesenheit der Schülerinnen und Schüler im Unterricht. Unterrichtet wird nicht nur AM VORMITTAG, sondern BIS ZUM FRÜHEN NACHMITTAG, und zwar in kleinen Klassen mit nur acht Schülerinnen und Schülern. WÄHREND DES GANZEN VORMITTAGS gibt es nur eine Pause von zwanzig Minuten. Die Stunde, die uns MITTAGS zugestanden wird, nutzen wir nicht nur zum Essen, sondern auch zum Ausruhen und vor allem zum Quatschen. JEDEN NACHMITTAG steht Sport auf dem Programm und AM FRÜHEN ABEND ist „Prep Time" – Hausaufgaben und ruhiges Lernen. Um 19 Uhr ist gemeinsames Dinner, danach endlich Freizeit. Ich habe mich HEUTE?ABEND zum Spielen verabredet. Nur SAMSTAGS?ABENDS ist Party erlaubt. Sonst ist JEDEN ABEND um 10 Uhr Bettruhe.

1. Sortiere die Zeitangaben nach Groß- und Kleinschreibung. Achte auf Nomensignale und unterstreiche sie.

Großgeschriebene Zeitangaben (Zeitangaben als Nomen)	Kleingeschriebene Zeitangaben (Zeitangaben als Adverbien)
am Morgen	morgens

Gemischt (Verbindung von Zeitadverb und Tageszeit)

Seite 65

1 a) bis **c)**

Schüleraustausch macht Jugendliche selbstbewusster

(1) Knapp 20000 deutsche Jugendliche gehen jährlich im Rahmen eines Schüleraustauschs ins Ausland. Der Aufenthalt soll zum Verbessern der Sprachkenntnisse, zum Erweitern des Horizonts und zum Stärken sozialer Kompetenzen beitragen. Kann er aber auch den Selbstwert beeinflussen, hat er also Auswirkungen darauf, wie positiv oder negativ ein junger Mensch sich selbst wahrnimmt? Dieser interessanten Frage gingen Forscher in einer aktuellen Studie nach.

(2) Ein zentrales Ergebnis dieser Studie: Die Austauschschüler sahen sich nach ihrem in der Regel einjährigen Aufenthalt in einem positiveren Licht als vorher. Im Gegensatz dazu beobachteten die Forscher bei den Daheimgebliebenen keine Selbstwertveränderung. Vor allem solche Jugendliche, die vor ihrem Aufenthalt im Ausland ein weniger positives Bild von sich hatten, scheinen am meisten zu profitieren – zusätzlich zu den erweiterten Sprachkenntnissen.

(3) Aber nicht nur das persönliche Reifen, sondern auch die Möglichkeit zum Knüpfen neuer sozialer Kontakte ist für viele Reisewillige ein Grund, wenn nicht sogar der wichtigste, ins Ausland zu gehen. Diese beiden Aspekte scheinen voneinander abzuhängen: Wer trotz des anfänglichen Gefühls des Fremdseins die Erfahrung sozialen Eingebettetseins macht und Freunde findet, bei dem ist ein deutliches Ansteigen des Selbstwerts zu verzeichnen.

Seite 66

1 Großgeschriebene Zeitangaben (Zeitangaben als Nomen): am Morgen, eine Viertelstunde, am Vormittag, bis zum frühen Nachmittag, während des ganzen Vormittags, jeden Nachmittag, am frühen Abend, jeden Abend

Kleingeschriebene Zeitangaben (Zeitangaben als Adverbien): morgens, von montags bis freitags, wochentags, mittags, samstags abends

Gemischt (Verbindung von Zeitadverb und Tageszeit): heute Abend

Seite 67

1 Wie kommt es, dass mittlerweile die Hälfte aller Schülerinnen und Schüler Abitur macht? In einigen Bundesländern sind es sogar sechs Zehntel. Und erstaunlich viele Abiturienten können einen Notenschnitt zwischen eins und zwei vorweisen. Vor einigen Jahren gab es nur wenige mit einer Eins vor dem Komma. Und noch in den sechziger Jahren des vorigen Jahrhunderts machten weniger als zehn Prozent eines Schülerjahrgangs Abitur. Sind die Generationen danach schlauer geworden? Das wohl eher nicht. Aber zu früheren Zeiten mussten Jugendliche häufig schnell Geld verdienen. Da ging man acht Jahre zur Schule und dann in die Lehre. An den Volksschulen wurde das neunte und zehnte Schuljahr erst Ende der Sechziger eingeführt. Nur Gymnasiasten gingen dreizehn Jahre zur Schule. Manche waren auch schon zwanzig oder einundzwanzig, wenn sie die Schule verließen. Heute fürchten viele Eltern, dass ihre Kinder ohne Abitur keine Chancen auf dem Arbeitsmarkt haben. Zwar herrscht offiziell fast Vollbeschäftigung, aber dennoch sind Millionen arbeitslos. Deshalb ist eine Drei oder Vier auf dem Zeugnis schon für viele ein Problem und Tausende/tausende Kinder werden zur Nachhilfe geschickt.

2 *So könnte deine Lösung aussehen:*

Ich hoffe, ich habe im Vokabeltest keine Sechs. / Wir mussten für den Test sechs Seiten Vokabeln lernen.

Wie viel Prozent sind ein Achtel? / Für den Kuchen brauche ich drei achtel Liter Milch.

Beim Stadtfest stiegen viele Hundert / hundert bunte Ballons in den Himmel, die von Hunderten / hunderten von Kindern losgelassen wurden.

Seite 68

1 a) und **b)**

Man schreibt die Adjektive groß, wenn sie Teil eines Eigennamens sind, d. h. etwas Einmaliges bezeichnen.

Man schreibt die Adjektive klein, wenn sie mit anderen austauschbar sind.

2 a) und **b)**

Eigenname	Adjektiv als austauschbares Attribut
die Schwarze Witwe	ein schwarzes Schaf
der Westfälische Frieden	westfälische Bauern
der Große Wagen am Himmel	der große Wagen in unserer Garage
der Französische Dom in Berlin	ein französischer Name
das Statistische Bundesamt	der statistische Durchschnitt
die Vereinigten Staaten von Amerika	das vereinigte Deutschland
das Tote Meer	ein toter Fisch
die Schwäbische Alb	die schwäbische Hausfrau

3 A Was unterscheidet den Schwarzwälder Schinken von italienischem Schinken aus Parma?

B Ob man Nürnberger Bratwürstchen oder fränkische Weißwürste vorzieht, ist Geschmackssache.

C Auch in der Holsteinischen Schweiz werden Kieler Sprotten gegessen.

Seite 69

4 A Bei der Deutschen Bahn werden Ansagen in deutscher Sprache und in englischer Sprache gemacht.

B Im Botanischen Garten in München werden allerlei botanische Besonderheiten gezeigt.

C Vom Alten Fritz, König Friedrich II. von Preußen, gibt es viele Anekdoten. Unser Nachbar, der alte Fritz, erzählt sie gerne.

D Frau K. hat eine leitende Funktion. Sie ist Leitende Staatsanwältin am Landgericht.

5 eine Königliche Hoheit, der Erste Mai, das olympische Feuer, schwedische Gardinen, italienischer Salat, der Heilige Abend, blauer / Blauer Brief, die Goldenen / goldenen Zwanziger, die goldene / Goldene Hochzeit, das Schwarze / schwarze Brett, das Gelbe / gelbe Trikot

6 Auf dem Langen Kampe, In der Hölle, Tiefer Weg, Im Tiefen Grund, Vor dem Tor, Hinter den Höfen, Unter den Eichen, Sieben Hügel, Am Botanischen Garten

Seite 70

1 Ich habe manchmal Angst. (→ trennbar: Angst haben)
Kennst du jemanden, der nachtwandelt? (→ untrennbar: nachtwandeln)
Liest heute noch jemand Korrektur, bevor ein Zeitungsartikel veröffentlicht wird? (→ trennbar: Korrektur lesen)
Wie handhabst du das Problem? (→ nicht trennbar: handhaben)
Ich bin noch nie gemaßregelt worden. (→ untrennbar: maßregeln)

2 B Ich werde an der Spendenaktion teilnehmen.
Nimmst du auch teil?

C Lass dich von den Versprechungen der Werbung nicht irreführen.
Die Versprechungen der Werbung führen oft irre.

D Dem Antrag der Schülervertretung auf Hitzefrei wurde nicht stattgegeben.
Der Schulleiter gab dem Antrag auf Hitzefrei nicht statt.

3 Singst du Tenor oder Bass? → Tenor singen
Miriam spielt (ein elektrisches) Klavier. → Klavier spielen
Der Deich hielt dem Druck des Wassers nicht stand und brach. → standhalten (Merkwort)
Von meinen Freunden bergsteigt niemand. → bergsteigen
Eine Wahrsagerin weissagt dir deine Zukunft. → weissagen
Es nimmt niemanden wunder, dass du im Stehen einschläfst, wenn du nachts spielst, statt zu schlafen. → wundernehmen (Merkwort)
Zum Ende seiner Rede sagt der Schulleiter Dank für das Engagement der Schüler- und Lehrerschaft. / danksagte der Schulleiter …
→ Dank sagen / danksagen
Ich habe erst gestern Staub gesaugt. / Ich habe erst gestern gestaubsaugt. → Staub saugen / staubsaugen
Der Angeklagte gab das Versteck seiner Beute nicht preis. → preisgeben (Merkwort)

Seite 71

4 **a)** *So könnte deine Lösung aussehen:*
hoch klettern, heiter stimmen, glaubhaft machen, weich betten, höflich fragen, schrottreif fahren

b) *So könnte deine Lösung aussehen:*
Willst du da hochklettern? / Du solltest im Kirschbaum nicht zu hoch klettern.

5 B Du kannst ihre Alpentour nicht mit seiner Wanderung gleichsetzen. / Ich muss mich gleich setzen, weil ich den ganzen Tag gestanden habe.

C Kein Lehrer will einen Schüler fertigmachen. / Ich muss meine Aufgaben noch fertig machen.

D Probleme sollte man nicht schönreden, sondern lösen. / Herr A. kann schön reden, ich höre ihm gerne zu.

6 **a)** und **b)**

A (aus mehreren Adjektiven zusammengesetzt): lauwarm, hellgrün, gemeingefährlich, hochgiftig, höchstpersönlich, tieftraurig, bitterernst, dunkelblau

B (Fugen-s): lebensgefährlich, erwartungsvoll, altersbedingt

C (verkürzte Wortgruppe): abbruchreif, kampfbereit, sauerstoffarm, computergesteuert, windgeschützt

(getrennt geschrieben: blendend weiß, brütend heiß)

Seite 73

1 **a)**

(1) Drei Wochen ohne Mathe, Deutsch, Bio oder Englisch? (2) 15 Schülerinnen und Schüler einer Hamburger Gesamtschule wanderten quer über die Alpen und lernten dabei, was im normalen Unterricht oft zu kurz kommt, nämlich Selbstständigkeit, Verantwortungsgefühl und Durchhaltevermögen. (3) „Herausforderung" heißt das Projekt, das seit drei Jahren auf dem Stundenplan der Klassen acht bis zehn steht. (4) Drei Wochen lang fällt dann der Unterricht aus. (5) Einige arbeiten auf dem Bauernhof, andere fahren auf Inlinern durch Dänemark, planen ein Dorffest, leben bei einer ausländischen Gastfamilie und wieder andere überqueren die Alpen, das höchste europäische Gebirge.

(6) Es sind drei Wochen, in denen die Jugendlichen ihr Geld selbst einteilen müssen, in denen sie sich selbst verpflegen, selbst kostenlose oder billige Unterkünfte suchen müssen. (7) 150 Euro haben sie von ihren Eltern bekommen, das macht sieben Euro am Tag, so viel, wie eine Brotzeit auf der Alm kostet oder auch Brot und Käse im Supermarkt unten im Tal. (8) Für die Zugfahrt und die teuren Hüttenübernachtungen haben die Jugendlichen gesammelt, sie haben Briefe an Unternehmen geschickt, Kuchen auf dem Schulfest verkauft, bei Probewanderungen die Spendenbüchse geschüttelt und so 4500 Euro eingetrieben.

(9) Was eigene Verantwortung heißt, hat Rahel schmerzlich erfahren. (10) Sie hat ihren Schlafsack im Trockenraum einer Hütte vergessen und als sie merkte, dass er weg war, war der Weg zurück zu weit und kein Papa da, der ihr seinen Schlafsack gab, und keine Mama, die im Tal ihre Kreditkarte zückte. (11) Als Rahel hört, dass es Nachtfrost geben soll, ist sie dem Heulen nahe, aber dann kann sie sich bei der Almwirtin wenigstens eine alte Decke erbetteln.
(12) Übernachtet wird in einer Scheune im Heu und alle sind froh, dass sie sich in ihre Schlafsäcke kuscheln können, denn in der Holzwand klaffen Löcher, die so lang und breit sind wie ein Männerarm. (13) „Wenn ihr frische Sachen anzieht, nichts Durchgeschwitztes, und euch ordentlich in das Heu eingrabt, friert ihr nicht", rät der Gruppenleiter.
(14) Nach der Ankunft in Oberbozen, der letzten Station vor dem Ziel der Wanderung, müssen die Jugendlichen noch einmal auf Quartiersuche gehen. (15) Nachdem sie in Geschäften, Hotels und bei der Feuerwehr abgewiesen worden sind, werden sie an den

Pfarrer verwiesen, da der doch einen Gemeindesaal habe, den er zur Verfügung stellen könne. (16) Als sie auch da keinen Erfolg haben, erbarmt sich ein Bauer und stellt seine Garage zur Verfügung. (17) Obwohl sie auf nacktem Stein schlafen müssen und der Boden nach Hühnerkacke stinkt, meckert keiner, denn am nächsten Tag sind sie in Bozen und damit endlich am Ziel.

b)

A **Komma bei einer Aufzählung:** (1) Drei Wochen ohne Mathe, Deutsch, Bio oder Englisch?; (2) Selbstständigkeit, Verantwortungsgefühl und Durchhaltevermögen.

B **Komma bei einer Apposition:** (5) [...] wieder andere überqueren die Alpen, das höchste europäische Gebirge; (13) Wenn ihr frische Sachen anzieht, nichts Durchgeschwitztes [...]; (14) Nach der Ankunft in Oberbozen, der letzten Station vor dem Ziel der Wanderung [...]

C **Komma zwischen Hauptsätzen:** (5) Einige arbeiten auf dem Bauernhof, andere fahren auf Inlinern durch Dänemark, planen ein Dorffest, leben bei einer ausländischen Gastfamilie [...]; (8) Für die Zugfahrt und die teuren Hüttenübernachtungen haben die Jugendlichen gesammelt, sie haben Briefe an Unternehmen geschickt, Kuchen auf dem Schulfest verkauft, bei Probewanderungen die Spendenbüchse geschüttelt [...]; (11) [...] ist sie dem Heulen nahe, aber dann [...]; (17) [...] meckert keiner, denn [...]

D **Komma zwischen Haupt- und Nebensatz, z. B.:** (3) „Herausforderung" heißt das Projekt, das [...]; (7) das macht sieben Euro am Tag, so viel, wie eine Brotzeit auf der Alm kostet oder auch [...]; (10) als sie merkte, dass er weg war, war der Weg zurück zu weit und kein Papa da, der ihr seinen Schlafsack gab, und keine Mama, die im Tal ihre Kreditkarte zückte

E **Komma bei wörtlicher Rede:** (13) „Wenn ihr frische Sachen anzieht, nichts Durchgeschwitztes, und euch ordentlich in das Heu eingrabt, friert ihr nicht", rät der Gruppenleiter.

2 a) Satz 3: B; Satz 6: C

b) (9) Nebensatz, Hauptsatz.
(11) Nebensatz, Hauptsatz, Hauptsatz.
(15) Nebensatz, Hauptsatz, Nebensatz, Nebensatz.

Seite 74

1 a) und **b)**

B „Ich bemühe mich darum, höflich zu sein und mich zu benehmen. Ich bemühe mich, nett und freundlich zu sein, wenn [...]

C „Das Wichtigste im Leben ist, zu wissen, was ich wirklich will, und meine Zukunft sicher zu planen."

D „Ich werde versuchen, mit 25 Jahren ausgezogen zu sein und einen ordentlichen Job zu haben."

E „Ich will auf jeden Fall nicht nur leben, um zu arbeiten. Außerdem will ich den Mut haben, das zu machen, was ich wirklich will."

F „Nach der Schule würde ich lieber ins Ausland gehen, statt sofort mit der Ausbildung zu beginnen."

G „Mir jetzt schon über die Zukunft Gedanken machen zu sollen, sehe ich nicht ein. Jetzt kommt es darauf an, die Jugendzeit zu genießen. Man muss sich auch erlauben können, einmal Fehler zu machen."

H Ich brauche nicht Millionär zu sein, aber gut zu verdienen und eine Familie ernähren zu können, wäre mir schon wichtig."

I „Es gefällt mir überhaupt nicht, jetzt schon meine Zukunft sicher zu planen, weil ich spontan bin und es gerne mag, Entscheidungen kurzfristig zu treffen."

J „Pläne? Ich könnte mir vorstellen, zu studieren und in einer Wohngemeinschaft zu wohnen. Anders als viele meiner Freunde habe ich keine Angst, zu versagen. ...

2 – auf die Signalwörter *als, außer, ohne, statt/anstatt* und *um* (Satz F)
– die Abhängigkeit von einem Nomen (Satz E, Satz J)
– auf hinweisende Fürwörter wie *daran, darauf, dazu* oder *es* (Satz A, Satz G, Satz I)

Seite 75

1 A 75 % aller Jugendlichen würden ihre Kinder mit den gleichen Methoden erziehen, mit denen sie selbst erzogen worden sind.

B Im Gegensatz zu früheren Generationen ist das familiäre Zuhause heutzutage für viele Jugendliche ein Ort, an dem sie gerne länger bleiben.

C Gerade vor dem Hintergrund zunehmender Zukunftsängste bietet das familiäre Zuhause eine vertraute Geborgenheit, in die sich viele Jugendliche zurückziehen.

D Viele Jugendliche konzentrieren sich zu sehr auf Kontakte, mit denen sie nur im virtuellen Raum kommunizieren, und vernachlässigen reale soziale Bezüge.

E Ein Leben ohne soziale Netzwerke, durch die Kontakte aufgebaut und gepflegt werden, ist für die meisten Jugendlichen unvorstellbar.

Die große Chance für sportliche Talente
Viele Eltern von sportlichen Kindern oder Jugendlichen haben ihn schon gehört, den Satz: „Mama, ich werde Superstar." Ob dies nun im Fußball, Schwimmen, Hockey oder sonst einer Sportart ist – der Wunsch, wie ihre Vorbilder Thomas Müller, Sebastian Vettel oder Serena Williams zu sein, ist bei vielen Kindern und Jugendlichen vorhanden.
Alleine beim Tennis kämpfen jährlich über 10 000 Spieler auf regionalen und internationalen Turnieren, um später unter die Top 100 der Weltrangliste zu kommen. Sieht man diesen Vergleich, kann man einschätzen, wie schwer es ist, ganz oben mit dabei zu sein. Talent alleine reicht nicht aus für den Weg zum Superstar. Ohne außergewöhnliche mentale Fähigkeiten und Charakterstärke ist es fast unmöglich, dem Druck standhalten zu können. „1 % davon war mein Talent, 99 % davon waren harte Arbeit!", zitierte der deutsche Basketballstar Dirk Nowitzki Albert Einstein auf die Frage, wie er das alles geschafft habe. Hier liegt die große Chance der Jugendlichen: Wer sich auch mental entwickelt und hart trainiert, hat einen sehr großen Vorteil vor der Konkurrenz. Indem die Ju-

gendlichen an ihrer Persönlichkeit und ihrer Willensstärke arbeiten, tun sie viel für ihren weiteren Lebensweg, von dem sie zum Beispiel auch im späteren Berufsleben profitieren können.

Seite 76

1 Das sagen Jugendliche zu ihrer Lebenswelt und ihren Plänen
Die neue Studie des Sinus-Instituts (ein Institut, das Markt- und Sozialforschung betreibt) zeigt, dass Jugendliche in Deutschland zwar nach wie vor in unterschiedlichen Lebenswelten leben, dass sie aber in mehrfacher Hinsicht enger zusammenrücken. Das gaben die Auftraggeber der Studie bei einer gemeinsamen Pressekonferenz in Berlin bekannt.
Für die meisten 14- bis 17-Jährigen gelte heute, dass man sein möchte wie alle. Das Phänomen einer auf Abgrenzung und Provokation zielenden Jugend-Subkultur, das gebe es kaum mehr. Eine Mehrheit sei sich einig, dass gerade in der heutigen Zeit ein gemeinsamer Wertekanon von Freiheit, Aufklärung, Toleranz und sozialen Werten gelten müsse. Nur er könne das „gute Leben", das die Jugendlichen anstreben, in diesem Land garantieren, und das treffe auch für Jugendliche mit Migrationshintergrund zu. Laut Studie nimmt die Akzeptanz von Vielfalt zu. Das betreffe vor allem die religiöse Toleranz als wichtige soziale Norm.
Der Begriff „Mainstream", ein Schlüsselbegriff für das Selbstverständnis, das die Jugendlichen eint, deutet laut Studie darauf hin, dass es eine Sehnsucht nach Geborgenheit und Halt gebe und dass in den zunehmend unübersichtlichen Verhältnissen der Globalisierung Orientierung gesucht werde.
Umweltschutz, die Erhaltung natürlicher Lebensgrundlagen, kritischer Konsum, Kinderarbeit, das sind Themen, die Jugendliche in ihrem Alltag bewegen. Doch Preisargumente (die Tatsache, dass Jugendliche wegen begrenzter Geldmittel „billig" einkaufen müssen) und das Gefühl, dass der Einzelne ohnehin nicht viel ändern könne, sorgen dafür, dass die Jugendlichen ihr Verhalten in der Praxis kaum anpassen.

Seite 77

2 B Ich glaube, dass das das richtige Geschenk ist.
C Ich fürchte, dass das, was du sagst, falsch ist.
D Ich fürchte, das, was du sagst, ist falsch.
E Ich bin sicher, das entspricht unserer Verabredung.
F Ich bin sicher, dass das Ergebnis unserer Verabredung entspricht.
G Viele behaupten, dass das Wetter früher beständiger war.
H Andere behaupten, das sei ein Irrtum.

3 A Eine große Umfrage hat ergeben, dass trotz Aufklärung an den Schulen und trotz der ekelhaften Fotos auf den Zigarettenpackungen immer noch viele Jugendliche rauchen.
B Immerhin fand man auch heraus, dass weniger Jugendliche als noch vor einigen Jahren rauchen.
C Rauchen kostet viel Geld, das die Jugendlichen oft nicht haben oder lieber für etwas anderes ausgeben.
D Rauchern geht beim Joggen und Basketballspielen deutlich schneller die Puste aus, das ist für viele sportliche Jugendliche sehr abschreckend.
E Das frühzeitige Altern der Haut, das eine mögliche Folgeerscheinung des Rauchens ist, ist zwar nicht die schlimmste Folgeerscheinung, dennoch ist die Vorstellung ein weiterer Grund, dass vor allem Mädchen aufs Rauchen verzichten.

Seite 78/79

1–3 A Neuseeland ist ein geografisch isolierter Inselstaat im **südlichen** Pazifik. Wegen der großen Anzahl der **neuseeländischen** Inseln, die im **südwestlichen Pazifischen** Ozean liegen, kommt Neuseeland auf eine Gesamtfläche, die etwas kleiner als die Italiens ist, jedoch etwas größer als die des **Vereinigten** Königreichs.

B Warum ich ausgerechnet dorthin wollte? Ich wollte etwas Außergewöhnliches erleben – und das bietet Neuseeland: Gletscher direkt neben dem Regenwald, ein Skigebiet auf einem Vulkan in der Wüste, die Offenheit und Freundlichkeit der Menschen, die wirklich alles übertrifft, was man von Deutschland gewohnt ist, all das hat mich schon beim Lesen in seinen Bann gezogen. Nachdem also die Entscheidung für Neuseeland getroffen war, habe ich mit dem konkreten Planen begonnen: Jeden **Morgen** habe ich noch vor der Schule im Internet gelesen und Informationen eingeholt, **abends** führte ich dann viele Telefonate und schrieb E-Mails. Dabei und auch später in Neuseeland hat mir meine Austauschorganisation sehr **weitergeholfen**. Die Organisation übernimmt das Buchen des Fluges, das Suchen nach einer Gastfamilie sowie das Kontaktieren der Highschool. Außerdem gibt sie Hinweise zum Beantragen des Visums und Besorgen eines Reisepasses. In Neuseeland wurde ich dann wie alle „Internationals" von einem „International Students Coordinator" betreut. Er hat uns nicht nur beim Zusammenstellen des Stundenplans beraten, sondern war auch für das Organisieren von Ausflügen und Projekten zuständig. Ein Erlebnis, **das** mir besonders in Erinnerung ist, war ein **wunderschöner** Ausflug auf den Te Mata Peak, einen Berg, von dem aus man über die ganze Region Hawke's Bay sehen kann. Ebenso prägend war eine **eindrucksvolle** Rundreise über beide Inseln Neuseelands, an der ich in den Ferien **teilgenommen** und bei der ich viele andere „Internationals" kennen gelernt habe.
Dass diese drei Monate die intensivste und **erfahrungsreichste** Zeit meines bisherigen Lebens war, das sollte deutlich geworden sein. Dabei hatte ich das Glück, dass ich mich recht schnell eingelebt und Freunde gefunden habe.

4 A: Tausend; B: eins; C: ein Fünftel; D: Hälfte, zwei Drittel

5 A Ich weiß nicht, ob ich den Mut habe, ein ganzes Schuljahr im Ausland zu verbringen.
B Die Angst davor, in einem fremden Land plötzlich auf sich alleine gestellt zu sein, ist normal.
C Es ist schließlich sehr herausfordernd, sich immer wieder in ungewohnten Situation zurechtzufinden.
D Die eigene Selbstständigkeit zu entdecken, ist jedoch für viele eine positive Erfahrung.
E Wer einen Auslandsaufenthalt absolviert hat, ist sich sicher, entscheidend zu seiner Persönlichkeitsentwicklung beigetragen zu haben.

Seite 4

1 Soll die Nutzung von Smartphones im Unterricht erlaubt werden?

2 *Folgende Aussagen können markiert werden:*
- grüne Markierung: technische Chancen nutzen; durch das Verbot werden die Smartphones [...] interessanter; nutze [...] Handy auch als Kalender; [...] wichtige Termine eintragen; [...] verantwortungsvollen Umgang mit dem Handy. Warum [...] nicht in der Schule [...]?
- rote Markierung: Schule sollte ein sozialer Ort der direkten Kommunikation sein – Smartphones tragen nicht dazu bei; die Handys lenken [...] Schülerinnen und Schüler ab. Darunter werden langfristig die Noten leiden.

3 *Individuelle Schülerlösungen*

Seite 5

4 (Pro-Argument, Kontra-Argument)
Z. 4:. „Herr Küüück, ich kann mich nicht einloggen!"
Z. 7: Der digitale Unterricht, er hakt und ruckelt.
Z. 12 f.: [...] weil auf dem eigenen Gerät auch WhatsApp, Instagram, Snapchat und Spiele installiert sind.
Z. 17–19: Die Plattform funktioniert einfach: Die Schüler loggen sich ein und können sehen, was in der nächsten Schulstunde geplant ist. Die Lehrer hinterlegen Arbeitsblätter, Videos und Audiodateien, auf die die Schüler zugreifen.
Z. 21 f.: Das Programm zeigt Stärken und Schwächen einzelner Schüler und der gesamten Klasse und soll Überraschungen in der Klassenarbeit vermeiden.
Z. 23 f.: Damit sich die Klasse nicht in einen Informatikraum mit verstaubten Röhrenbildschirmen quetschen muss, läuft die Lernplattform auf allen Geräten.
Z. 24 f.: Vier Buchstaben sollen den digitalen Unterricht für die Schüler leicht und für die Schule kostengünstig machen: BYOD [...]
Z. 25 f.: Die meisten Schulen haben wenig Geld, Laptopklassen sind eher Vorzeigemodelle als Standard.
Z. 27–29: „Das Smartphone hat ohnehin jeder in der Hosentasche" [...]. „Warum sollten wir das nicht nutzen?"
Z. 30 f.: Die Mädchen auf Instagram stören Kücks Unterricht nicht weiter. „Das gehört zum Lernprozess dazu", wiegelt Kück später ab. „Die Schüler lernen, sich auf die Sache zu konzentrieren."

Tabelle zu Seite 5, Aufgaben 5a) und b)

Stoffsammlung: Gründe, die **gegen** die Nutzung von Smartphones im Unterricht sprechen → S. 2

	Sicht der Schüler/-innen	Sicht der Lehrkräfte und der Eltern
Seite 5, Aufgabe 5a)	– Unterricht mit digitalen Geräten funktioniert nicht ohne Weiteres reibungslos (z. B. Einloggen nicht möglich). – Aufpassen im Unterricht wird schwieriger, da man vom Handy abgelenkt wird.	– Unterricht mit digitalen Geräten funktioniert nicht ohne Weiteres reibungslos (z. B. Einloggen nicht möglich). – Auf den Geräten sind auch Programme installiert, die nichts im Unterricht verloren haben (z. B. WhatsApp) bzw. stören. – Strahlung des WLAN könnte negative Auswirkungen auf die Gesundheit der Schüler/-innen haben.
Seite 5, Aufgabe 5b)	– Durch die ablenkende Wirkung des Handys könnten die Noten langfristig leiden.	– Durch die ablenkende Wirkung des Handys könnten die Noten langfristig leiden. – Smartphones tragen nicht zu einem sozialen Miteinander und direkter Kommunikation bei.
Seite 6, Aufgabe 3		– Das Handy wird in der Schule zu einem großen Teil für nicht-unterrichtliche Zwecke genutzt (z. B. Musik hören, chatten).
Seite 7, Aufgabe 5		– Die Technik ist nicht zuverlässig und könnte im Unterricht versagen. – Der Aufwand ist höher als der Nutzen. – Geeignetes Lehrmaterial fehlt. – Die eigenen Technik-Kenntnisse reichen nicht aus. – Es ist kein tragfähiges pädagogisches Konzept dafür vorhanden.
Seite 7, Aufgabe 7		– Die Schreibtechnik leidet unter den Smartphones, da die Schüler/-innen die Tafelbilder und Merkkästen nicht mehr abschreiben.

Z. 33 f.: Es gab Flugblätter von besorgten Eltern, die befürchteten, ihre Kinder würden an der Schule vom WLAN verstrahlt.
Z. 36 f.: „Die Geräte bereiten Freude, sie rufen Reaktionen hervor."

5 **a)** und **b)** *So könnte deine Lösung aussehen:* → s. Tabelle S. 1.

Seite 6

1 Das Diagramm zeigt, für welche Tätigkeiten Handys in der Schule genutzt werden.

2 *So könnte deine Lösung aussehen:*
- Höchster Wert: 87 % hören mit dem Handy Musik; niedrigster Wert: 10 % nutzen das Handy, um während der Klassenarbeit heimlich zu surfen.
- Der höchste Wert ist bei einer nichtschulischen Tätigkeit (Musik hören); der zweithöchste wiederum bezeichnet eine schulische Tätigkeit (Tafelbild fotografieren).
- Einige Vorurteile bezüglich der Handynutzung in der Schule bestätigen sich, dennoch wird das Smartphone auch zu Lernzwecken eingesetzt und erscheint dort recht sinnvoll.

4 **a)** *So könnte deine Lösung aussehen:*
Das Smartphone hat einen schulischen Nutzen, denn laut der Studie von Bitkom Research suchen 56 % der Schüler/-innen während des Unterrichts gezielt nach Informationen zum Lehrinhalt.

b) Dem ist entgegenzuhalten, dass laut der Studie von Bitkom Research 70 % der Schüler/-innen das Handy in der Schule nutzen, um (wahrscheinlich auch im Unterricht) zu chatten.

Seite 7

5 *So könnte deine Lösung aussehen:*
- Das Diagramm stellt dar, wie viele Lehrer gerne digitale Medien im Unterricht einsetzen würden, dies aber nicht können, und stellt außerdem die Gründe dar, warum Lehrkräfte digitale Medien nicht in ihrem Unterricht einsetzen.
- Höchster Wert: 43 % sagen, dass an der Schule die entsprechenden Geräte für die Nutzung im Unterricht fehlen; niedrigster Wert: 9 % sagen, die Schüler würden durch die Medien vom eigentlichen Unterrichtsthema abgelenkt; ebenfalls 9 % sagen, sie hätten kein tragfähiges pädagogisches Konzept.
- Allgemein sind 51 % der Lehrer/-innen der Meinung, dass sie digitale Medien ohne Probleme einsetzen können.
- Nur 9 % der Lehrkräfte sagen, dass sie digitale Medien nicht einsetzen, weil die Schüler dadurch vom eigentlich Unterrichtsthema abgelenkt werden würden.
- Smartphones würden zumindest einige Probleme bei der Mediennutzung an den Schulen lösen.

6 **a)** *So könnte deine Lösung aussehen:*
Der Einsatz von Smartphones im Unterricht ist sinnvoll, schließlich zeigt die Studie von Bitkom Research deutlich, dass rund 43 % der Lehrkräfte digitale Medien öfter in ihrem Unterricht einsetzen wollen, dies aber aufgrund des Mangels an entsprechenden Geräten nicht können.

b) Dem ist entgegenzuhalten, dass 51 % der befragten Lehrkräfte laut dieser Studie digitale Medien ohne Probleme einsetzen können.

7 A (→ Material 3), C (→ Material 4)

Seite 8

1 *So könnte deine Lösung aussehen:*
Die Schule ist ein sozialer Ort der direkten Kommunikation – zumindest haben die meisten von uns sie als einen solchen Ort kennen gelernt. Doch dies ist nun in Gefahr. Denn wenn Smartphones an der Schule und im Unterricht erlaubt werden, sprechen wir bald nicht mehr miteinander, sondern starren alle nur noch auf die kleinen Bildschirme. Dies ist nur einer der Gründe, warum ich gegen die Nutzung von Smartphones im Unterricht bin.

2 *So könnte deine Lösung aussehen:*
Nach Ansicht der Schüler/-innen sollte die Nutzung von Smartphones im Unterricht verboten werden, da die Geräte eine ablenkende Wirkung haben, z. B. hat man ständig den Impuls, nach neuen Nachrichten auf dem Handy zu schauen.
Außerdem lehnen sie die Nutzung von Smartphones im Unterricht ab, da der Unterricht regelmäßig gestört werden würde, wenn zum Beispiel bei jemandem das Einloggen nicht funktioniert oder kein Internet da ist.
Nach Ansicht der Lehrkräfte und Eltern sollte die Nutzung von Smartphones im Unterricht verboten werden, da die Geräte nicht zuverlässig funktionieren, was den Unterricht stören würde, beispielswiese wenn sich einzelne Schüler/-innen nicht einloggen können oder der Akku leer ist.
Darüber hinaus befürworten sie die Nutzung von Smartphones im Unterricht nicht, da die Noten langfristig unter den Geräten leiden würden, zum Beispiel durch die ständig mögliche Ablenkung vom eigentlichen Unterrichtsstoff.

Seite 9

4 Möglichkeit A taugt nicht als Kompromiss, B und C hingegen schon.
Begründung: Beide wollen die private Nutzung des Smartphones einschränken, indem schulische Smartphones angeschafft werden, auf denen durch Filter die Nutzung eingeschränkt wird bzw. durch einen Nutzungsvertrag, mit dem jeder Schüler und jede Schülerin dazu verpflichtet werden kann, das Handy in der Schule nur für schulische Zwecke zu nutzen.
Diese Kompromisse lösen gleichwohl nicht die Problematik der Unzuverlässigkeit der technischen Geräte.

Seite 11

1 **a)** *So könnte deine Lösung aussehen:*
Was? Schulversammlung und Ankündigung des „Mufti-Days" durch Schulleiterin, Durchführung des „Mufti-Days"
Wann? dreimonatiger Schüleraustausch, wöchentliche Schulversammlung, „Mufti-Day" am Donnerstag
Wo? an einer australischen Schule

Wer? Austauschschülerin Anna, alle Schülerinnen und Schüler dieser Schule
Wie? statt Schuluniform freie Kleidungswahl für einen Tag
Warum? am „Mufti-Day“ Abgabe einer Spende
Mit welchen Folgen? Schüler/-innen verkleiden sich wie an Fasching, Ausleben der Kreativität.

b) *So könnte deine Lösung aussehen:*
Während eines dreimonatigen Schüleraustauschs an einer australischen Schule erlebte die Schülerin Anna an einem Donnerstag einen „Mufti-Day“. Auf der Schulversammlung kündigte die Schulleiterin dieses Ereignis an, bei welchem alle Schüler/-innen statt der Schuluniform selbst gewählte Kleidung tragen durften. Am „Mufti-Day“ verkleideten sich die Schüler/-innen wie an Fasching und lebten auf diese Weise ihre Kreativität aus. Dieses Ereignis war verbunden mit der Abgabe einer Spende in Höhe von zwei Dollar im Sekretariat der Schule.

2 a) Textstellen, die ein Gefühl des „Dabei-Seins“ erzeugen:
Zeilen 3–8: szenischer Einstieg, Schilderung einer Situation / der Stimmung
Zeilen 11 f.: direkte Rede
Zeilen 27–37: Schilderung der Atmosphäre

b) *So könnte deine Lösung aussehen:*
Neugier erweckender (szenischer) Einstieg: Z. 3–8: Zitat der Schulleiterin und Schilderung der Situation sowie der Stimmung
Schilderung der Atmosphäre: Z. 27–37: „[...] Ich sehe überall Teletubbies und Geishas, der ganze Schulhof scheint von skurrilen Gestalten zu wimmeln. [...]“
Sprache:
- Zeitform: Präsens
- aussagekräftige Verben, z. B.: „verkündet“ (Z. 3), „bricht [...] aus“ (Z. 4), „schlägt (die Stimmung in Aufregung) um“ (Z. 6)
- anschauliche Adjektive/Partizipien, z. B.: „gelangweilt“, „dumpf“, „starrend“ (Z. 5)

Direkte Rede: Z. 3: „Am Donnerstag ist Mufti-Day“, Z. 11 f.: „An dem Tag können wir anziehen, was wir wollen [...].“
Hintergrundinformationen: Z. 14–17 (Schuluniform), Z. 21–26 („Mufti-Day“)
Schlusspointe: Z. 37–39: „Nur den Lehrern ist die Kleidungseuphorie relativ egal: Nie uniformiert unterwegs, herrscht bei ihnen jeden Tag „Mufti-Day“.

Seite 13

1 *So könnte deine Lösung aussehen:*
Ich sehe Zombies mit weißen Gesichtern, schwarz umrandeten Augen und riesigen Gebissen.
Ich höre Grölen, laute Musik, Schreie von Schülerinnen und Schülern, die sich erschrecken.
Ich fühle Neugierde auf den Tag und leichtes Unbehagen wegen der unheimlichen Gestalten.

2 *So könnte deine Lösung aussehen:*
Schwarz umrandete Augen, blutige Münder, Teufelshörner auf dem Kopf, schwarze Kleidung, wohin man auch blickt – es ist ein seltsamer Anblick an diesem Montagmorgen, als ich die Schule betrete. Schüler/-innen der Oberstufe, kurz vor dem Abitur, wandeln durch die Gänge, als spielten sie in einem Horrorfilm mit. Auf den Gesichtern der Jüngeren, die diese Aktion noch nicht kennen, sehe ich Fragezeichen.

3 a) *So könnte deine Lösung aussehen:*
Es ist der Beginn der Mottowoche, mit der die Abiturienten an zahlreichen Schulen ihre letzten Unterrichtstage kreativ gestalten. Jedem Tag ist ein anderes Motto gewidmet. Im Laufe der Woche stellen die Abiturientinnen und Abiturienten immer wieder ihre Kreativität unter Beweis, auch zur Unterhaltung der anderen Schüler/-innen. So kann es passieren, dass eine Klasse morgens ihren Klassenraum betreten möchte und diesen über und über mit Luftballons gefüllt vorfindet.
„Die Mottowoche der Abiturienten finde ich spannend und lustig. Unsere Klasse rätselt jeden Morgen, welches Motto heute dran ist“, so Mia aus der Klasse 7. Über die jeweiligen Themen stimmt der Abiturjahrgang gemeinsam ab, gern gewählt werden beispielsweise „Erster Schultag“, „Comic-Helden“ oder „Filmstars“. Absolutes Highlight unserer Mottowoche ist „Der Tag der Untoten“. Auf das Gruseligste geschminkt und gekleidet wie zu einer Halloween- oder Faschingsparty laufen Hexen, Zombies und andere undefinierbare Gestalten durch die Schulflure. Nicht für alle sind diese Begegnungen belustigend. So berichtet Sebastian: „Auf dem Weg zur Schule wurde ich heute von vielen Menschen komisch angesehen. Ein paar kleine Schulkinder haben sich sogar vor mir erschrocken!“
Die Mottowoche hat für die Abiturienten eine besondere Bedeutung. Bald verlassen sie die Schule und gehen ihre eigenen Wege: „Es sind die letzten Tage, die wir als Abiturjahrgang gemeinsam verbringen, bevor etwas Neues beginnt: Ausbildung, Studium, für einige Zeit ins Ausland gehen, reisen. Das wollen wir feiern und dabei Spaß haben“, erzählt uns Abiturientin Julia.

b) *So könnte deine Lösung aussehen:*
Doch noch ist die Schulzeit nicht vorbei. Nach der Mottowoche warten die Abiturprüfungen, für die die Schüler/-innen noch einmal an den Schreibtisch und die Schulbücher zurückkehren müssen. Viel Erfolg!

Seite 14

1 Die Pointe der Geschichte besteht darin, dass erst am Textende deutlich wird, dass es sich bei Sander nicht um den Chef „At the Top“ handelt, sondern um eine Reinigungskraft.

Seite 15

2 a) Dachterrasse über ihm, Lichter der Vorstadt vor ihm, Werkhallen unter ihm, Verwaltungsgebäude, Fassaden mit leuchtenden Fenstern und Gestalten dahinter, Parkplatz mit wenigen Autos, kann Motor eines davonfahrenden Autos nicht hören, fühlt dunklen, weichen Teppich und weichen Ledersessel, bemerkt lautlos zurückgleitende Rückenlehne, sieht schallschluckende Deckenlamellen, riecht Duft neuen Leders

b) *So könnte deine Lösung aussehen:*
Diese Pause nach einem langen Arbeitstag habe ich mir wirklich verdient. Sicher würden die da unten gerne wissen, wie es ist, hier

oben zu sein. Aber davon können sie lange träumen! Sie werden weiterhin ihre Intrigen aushecken und erfolglos ihren nächsten Karriereschritt planen. Nur ich bin hier oben, ich ganz allein.

3 a) – Er steht außerhalb Sanders und überblickt das Geschehen.
- Er nimmt die Sicht Sanders ein.
- Er schlüpft in die Rolle Sanders und kennt dessen Gedanken und Gefühle.

Im Eckbüro im Achtundzwanzigsten brennt noch Licht. An einem der Panoramafenster steht Sander, Hände auf dem Rücken, Schultern zurück, Hals gereckt. Über ihm nichts als die Dachterrasse, auf der bei schönem Wetter der Verwaltungsrat in der Sitzungspause einen kleinen Imbiss nimmt. Vor ihm die Lichter der Vorstadt. Unter ihm die Werkhallen eins bis sieben, dazwischen die Verwaltungsgebäude B und C.

In den dunklen Fassaden leuchtet da und dort ein Fenster. Manchmal bewegt sich eine Gestalt hinter den Scheiben, geht von einem Gestell zu einem Schreibtisch und verharrt dort, reglos.

Auf dem Parkplatz bilden ein paar Autos ein karges Muster. Ein Mann geht schnell über den Platz. Bei einem der Autos leuchten kurz die Stopplichter auf, wie zur Begrüßung. Der Mann setzt sich hinters Steuer. Wenn die Fenster nicht schallisoliert wären, würde Sander jetzt den Motor hören. So sieht er nur die Abblendlichter, die sich den Weg aus dem Parkplatz zum Werkstor suchen.

Sander wendet sich ab. Tief in Gedanken geht er die zehn, zwölf Schritte über den schokoladenbraunen Baumwollvelours zum gläsernen Schreibtisch. Mit einem tiefen Seufzer lässt er sich auf dem Sessel nieder und greift an den Verstellhebel. Lautlos gleitet die Rückenlehne nach hinten. Er legt den Kopf zurück, starrt an die schallschluckenden Deckenlamellen und atmet den Duft des neuen Leders ein.

Ein verdammt gutes Gefühl, hier oben zu sitzen und einen harten Arbeitstag ausklingen zu lassen. Sich ein paar Minuten der Einkehr zu gönnen zwischen den Verpflichtungen des Berufslebens und denen des Privaten.

Sander schließt die Augen. Wie viel würden die, die morgen wieder zum Werk strömen, darum geben, auch nur ein einziges Mal zu erleben, wie es sich anfühlt, hier oben zu sitzen. Wie es ist, der Mann ganz zuoberst zu sein. Die dünne Luft der Macht zu atmen und in den weichen Polstern der harten Entscheidungen zu ruhen.

Aber keinem wird es vergönnt sein. Keinem der Kader, die irgendwo dort unten ihre sinnlosen Überstunden absolvieren oder beim Apéro ihre erfolglosen Intrigen aushecken oder keinen Schlaf finden bei der Planung ihres nächsten Karriereschritts.

Nur er, Sander, ist in einer Position, in der er jeden Abend dieses unvergleichliche Gefühl auskosten kann.

Er beglückwünscht sich zu seinem Job, steht auf, schiebt den Putzwagen hinaus und löscht das Licht.

b) *So könnte deine Lösung aussehen:*
Z. 1–9: Panoramaeinstellung, Z. 10 f.: Halbtotale mit Vogelperspektive, Z. 12–15: Totale mit Vogelperspektive, Z. 16 f.: Halbtotale, Z. 17–22: Nahaufnahme, Z. 23–31: Detailaufnahme, Z. 32 f.: Totale.

Seite 16

4 a) und **b)** *So könnte deine Lösung aussehen:* → s. Tabelle unten

Tabelle zu Seite 16, Aufgaben 4a) und b)

Merkmale	☒	**Begründung/Textbeleg**
Text ist kurz und „modern“.	☒	Text umfasst weniger als eine DIN-A4-Seite; Text stammt aus dem Jahr 2008.
kleiner Ausschnitt aus dem Alltagsleben einer/mehrerer Figur(en)	☒	Text thematisiert eine Situation in dem Alltag einer Reinigungskraft eines Bürogebäudes.
Gezeigter Ausschnitt hat eine besondere Bedeutung für die Figur(en).	☒	Hauptfigur versetzt sich in die Rolle einer Führungskraft; fühlt sich kurzzeitig anderen überlegen und genießt den Moment.
unmittelbarer Einstieg	☒	keine Einleitung, keine Erklärung zur Figur
wenige Figuren	☒	nur eine Figur
Konzentration auf einen Handlungsort	☒	Handlung spielt in einem Bürogebäude in einem Raum.
zielstrebiger Verlauf der Handlung auf einen Höhe-/Wendepunkt hin	☒	Am Textende wird deutlich, dass die Hauptfigur die Reinigungskraft ist und nicht – wie vermutet – z. B. der Chef eines Unternehmens.
Gebrauch von Alltagssprache (z. B. kurze Sätze)	☒	kurze Sätze (z. B. Z. 12 f.), verkürzte Sätze (z. B. Z. 4–9), Umgangssprache (z. B. „Ein verdammt gutes Gefühl“, Z. 20)
offenes Ende	☐	Die Geschichte Sanders ist mit seinem Hinausgehen abgeschlossen, es gibt keine offenen Fragen.

5 a) bis **e)** *So könnte deine Lösung aussehen:*

Einleitung:

(Einleitungssatz und kurze Inhaltsangabe)

Die Kurzgeschichte „At the Top" von Martin Suter aus dem Jahr 2008 verdeutlicht durch das Gedankenspiel einer Reinigungskraft, die sich in die Rolle einer Führungsperson versetzt, die Auswirkungen von Macht und Hierarchie.

Sander, eine Reinigungskraft, befindet sich im Chefzimmer eines Bürogebäudes im 28. Stockwerk. Nachdem er zunächst das Geschehen vor seinem Fenster und auf dem Parkplatz beobachtet hat, setzt er sich in den Chefsessel und geht seinen Gedanken nach. Sander freut sich über die kleine Pause vor dem nahenden Feierabend und fühlt sich mehr und mehr in die Position einer Führungsperson ein. Er denkt an all die Angestellten, die jeden Tag im Werk zur Arbeit gehen und niemals wie er die Gelegenheit bekommen würden, diesen Platz einzunehmen. Nur er habe die Möglichkeit, jeden Abend dieses Gefühl auskosten zu können. Nach diesem Gedankenspiel verlässt Sander den Raum.

Hauptteil:

(Aufbau des Textes, Erzählweise und Bedeutung der Überschrift)

Zu Beginn der Kurzgeschichte wird zunächst die Welt beschrieben, in der man sich „At the Top" befindet. Das Chefzimmer mit „schallschluckenden Deckenlamellen" (Z. 19), „schokoladenbraune[m] Baumwollvelours", „gläserne[m] Schreibtisch" (Z. 16–17), bequeme[m] Ledersessel (vgl. Z. 19) und schallisolierten Panoramafenstern (vgl. Z. 2 u. 14) befindet sich ganz oben in einem Bürogebäude, darüber „nichts als die Dachterrasse" (Z. 4).

In dieser Welt nimmt Sander in Gedanken die Rolle einer Führungsperson ein, der nach einem langen Arbeitstag endlich eine Pause vergönnt ist und die von allen anderen, die sich jeden Tag in der Hierarchie unter ihm abmühen, beneidet wird (vgl. Z. 16–30). Erst am Ende des Textes wird durch eine überraschende Wende deutlich, dass es sich bei Sander tatsächlich um die Reinigungskraft handelt: Er „[...] schiebt den Putzwagen hinaus und löscht das Licht" (Z. 31). Der Text erinnert in seinem Aufbau an einen kurzen Film, in dem die Perspektive gewechselt wird, bzw. der Blick „wandert" (z. B. Blick auf das Bürogebäude und Sander im Fenster, Wechsel zu Sander, der aus dem Fenster schaut). In Bezug auf die Erzählweise fällt deshalb auch ein Wechsel zwischen neutralem und personalem Erzählverhalten auf. Die Überschrift „At the Top" passt zur Kurzgeschichte, weil sie einerseits das Oben-Sein, das An-der-Spitze-Sein deutlich macht. Andererseits wird mit dem englischen Begriff auf die Mechanismen der internationalen Geschäftswelt angespielt.

(Handlung und Hauptfigur)

Sander schlüpft in einer Art Rollenspiel in die Figur einer Führungsperson. Die Textstelle „An einem der Panoramafenster steht Sander, Hände auf dem Rücken, Schultern zurück, Hals gereckt" (Z. 2–4) vermittelt den Eindruck, als ob er eine mächtige, über allem stehende Person sei. Die Textstelle macht deutlich, dass schon mit einer bestimmten Körperhaltung Macht und Überlegenheit ausgedrückt werden können. Auch in Gedanken fühlt sich Sander ganz in die Welt eines Chefs ein: „Ein verdammt gutes Gefühl, hier oben zu sitzen und einen harten Arbeitstag ausklingen zu lassen. Sich ein paar Minuten der Einkehr zu gönnen zwischen den Verpflichtungen des Berufslebens und denen des Privaten." (Z. 20–22) Sander fühlt sich allen anderen überlegen, denn nur ihm ist es vergönnt, „[die] dünne Luft der Macht zu atmen und in den weichen Polstern der harten Entscheidungen zu ruhen" (Z. 25–26). In dieser Situation ist die Hauptfigur eine Führungsperson, die zwar unter der Last der Verantwortung leidet, ihre machtvolle Position aber genießt und auskostet. Erst mit der überraschenden Wende am Ende des Textes bekommen die Gedanken und Gefühle Sanders etwas Komisches und Überzeichnetes.

(Merkmale der Kurzgeschichte und sprachliche Besonderheiten)

Der Text weist mehrere Merkmale einer Kurzgeschichte auf. Zunächst einmal ist er sehr kurz und „modern" und zeigt einen kleinen Ausschnitt aus dem Alltagsleben einer einzigen Figur: Sander. Dieser Ausschnitt hat eine besondere Bedeutung für ihn, weil es der Moment ist, bei dem er in Gedanken eine machtvolle Position einnehmen und seinem Alltag für einen kurzen Moment entfliehen kann. Die Handlung beginnt unmittelbar und findet nur an einem Ort statt. Durch die überraschende Wende wird deutlich, wer Sander eigentlich ist, wodurch man den Text ganz neu liest bzw. versteht. Es fällt auf, dass im Text einige kurze Sätze (z. B. Z. 12–13) und verkürzte Sätze (z. B. Z. 4–9) verwendet werden; es wird überwiegend eine „nüchterne", alltägliche Sprache mit manchmal umgangssprachlichen Formulierungen verwendet (z. B. Z. 20). Das sprachliche Stilmittel der Metapher (Z. 25) sorgt dafür, dass man sich als Leser/-in die Situation, in die sich die Hauptfigur hier hineinfantasiert, noch besser vorstellen kann. Außerdem wirken die so formulierten Gedanken im Kontrast zur realen Situation komisch.

Schluss:

In der Kurzgeschichte wird mit dem Gedankenspiel Sanders vorgeführt, wie Menschen in machtvollen Positionen denken und sich verhalten können (ich hier oben – ihr da unten). Die Welt, die in der Kurzgeschichte entfaltet wird, ist von Konkurrenzdenken und Machtstreben gekennzeichnet.

Seite 19

1 A Wenzels schüchterne Tollpatschigkeit kommt bei Nettchen gut an.

B Wenzel hat sich Nettchen gegenüber nicht mehr im Griff und verhält sich anders als zuvor.

C Der Anblick Nettchens macht Wenzel so glücklich, dass er sich in seiner Verliebtheit unter den goldfarbenen Blättern der Linde wie unter einem Goldregen fühlt.

D Er richtet sich nach den Sitten seiner Gastfreunde, verändert sie aber so, dass sein Benehmen seinen Gastfreunden weltgewandt und interessant erscheint.

E Durch die Art, wie er sich selbst darstellt, und das Bild, das die Einwohner der Stadt Goldach sich von ihm machen, gleicht er allmählich mehr der Hauptfigur eines Romans als sich selbst.

2 *So könnte deine Lösung aussehen:*

Der Erzähler macht deutlich, dass „der Geist" in Wenzel gefahren ist, nachdem er sich in Nettchen verliebt hat. Von da an nimmt er jedoch seine bisher unfreiwillige Rolle als Graf an und gestaltet sie weiter aus, um Nettchen und den Goldachern zu gefallen. Er beginnt also bewusst zu betrügen. Das spricht dafür, dass der Satz negativ gemeint ist.

Andererseits betont der Erzähler auch die positiven Wirkungen des in Wenzel gefahrenen Geistes. So kann er zeigen, was in ihm steckt: „Er lernte in Stunden, in Augenblicken, was andere nicht in Jahren, da es in ihm gesteckt hatte wie das Farbenwesen im Regentropfen." (S. 19, Z. 20 f.)

3 *So könnte deine Lösung aussehen:*
Rückblick: Z. 11 f.: „[...] während er bisher nichts getan hatte, um im Geringsten in die Rolle einzugehen, die man ihm aufbürdete [...]"
Vorausdeutung: Z. 6 f.: „Doch schadete ihm seine Blödigkeit und übergroße Ehrerbietung nichts bei der Dame [...]"
Kommentar zum Geschehen: Z. 5 f.: „Denn eine neue Wendung war eingetreten, ein Fräulein beschritt den Schauplatz der Ereignisse."
Kommentar zum Verhalten einer Figur: Z. 13 f.: „[...] kurz, das Schneiderblütchen fing in der Nähe des Frauenzimmers an, seine Sprünge zu machen und seinen Reiter davonzutragen."

Seite 20

4 *So könnte deine Lösung aussehen:*
Wenzel will angesichts der aussichtslosen Lage, in die er sich gebracht hat, aus Goldach fliehen und täuscht eine Geschäftsreise vor. Er hat jedoch nicht mit Nettchens Reaktion gerechnet, die ihn wiederum zum Bleiben bringt. Sie fällt ihm nicht nur um den Hals und weint, sondern eröffnet ihrem Vater noch in derselben Nacht, dass sie Wenzel heiraten werde.

5 **A:** z. B. Z. 1–5; **B:** z. B. Z. 18 f.; **C:** Z. 27–31; **D:** Z. 7–10

Seite 21

6 *So könnte deine Lösung aussehen:*
Die Leserin / Der Leser weiß nicht, was Nettchen denkt und fühlt. Sie wird nur von außen beschrieben: Sie wird rot und blass, atmet schnell, setzt sich und schlägt eine Einladung Wenzels zum Tanzen aus, ohne ihn anzusehen. Man muss als Leser/Leserin daraus schließen, wie es ihr geht (vgl. Z. 2–5). Von Wenzel weiß man dagegen, was er denkt und fühlt (vgl. Z. 6–10).

7 **a)** *So könnte deine Lösung aussehen:*

A „Wieso macht er das? Wieso redet er nicht mit mir? Wir sind doch so gut wie verlobt – er muss mir doch sagen, was er vorhat. Will er mich etwa verlassen? Er muss doch wissen, wie sehr ich ihn liebe! Ich will keinen anderen als ihn heiraten! – Ich muss nachdenken, was jetzt zu tun ist. Er kann nicht einfach fortreisen!" *(Innerer Monolog)*

B Immer noch tief in Gedanken, wie sie Wenzel von der Reise abhalten und die Situation klären könnte, wandte sich auch Nettchen zum Gemüsegarten. Ihr war klar, dass sie ihren geliebten Wenzel auf jeden Fall aufhalten musste. Sie überlegte, ob sie ihm ihre Liebe gestehen und ihn bitten sollte zu bleiben. *(Indirekte Gedankenwiedergabe)*

b) *So könnte deine Lösung aussehen:*
Das Original ist spannender, denn die Leserin / der Leser muss selbst überlegen, was in Nettchen vorgeht. Man sieht sie eher so wie Wenzel, der ja auch nur ihre Reaktionen beobachten kann und nicht sicher weiß, was sie fühlt. Im Original kommt z. B. Nettchens Umarmung ganz überraschend, diese Überraschung fällt weg, wenn man vorher schon liest, was sie denkt, fühlt und tun wird.

Seite 22

8 **a)** *So könnte deine Lösung aussehen:*

A Da stand er, der doch in keiner Sekunde dieses Versteckspiel gewollt hatte, langsam auf [...]. Der arme Schneider war ja immer ein ehrlicher Mensch gewesen, der nicht durch sein eigenes Verschulden in diese Verwechslung geraten war und der vor allem durch die Liebe zu Nettchen blind gegenüber der Unwahrheit und dem Betrug geworden war.

B [...], während große Tränen aus denselben fielen. So hatte Wenzel durch seinen Übermut die Katastrophe selbst herbeigeführt und stand nun vor den Scherben seines Glücks: Er hatte die Goldacher Bürger betrogen, seine Braut hintergangen – wie sollte das arme Nettchen sich je von dieser Schande und Enttäuschung erholen?

C Zweifellos hatte Wenzel durch seinen Betrug Nettchen und sich selbst in diese schreckliche Lage gebracht, aber er hatte es vor allem aus Liebe zu Nettchen getan. Auch Nettchens Liebe zu Wenzel sollte sich als stärker erweisen als ihre Enttäuschung, sodass ihnen ein glückliches Leben bevorstand.

b) *So könnte deine Lösung aussehen:*
A passt am besten zur Novelle, weil der Erzähler auch sonst schon Verständnis für Wenzel gezeigt hat und ihn nicht negativ darstellt. Da die Novelle positiv endet und Nettchen zu Wenzel hält, kann der Erzähler Wenzel auch gar nicht allzu sehr kritisieren und Nettchen bedauern (B). C würde die Novelle langweilig machen.

Seite 23

9 **a)** und **b)** ... und bat sie, sie eine Viertelstunde allein zu lassen und sich aufs Bett zu legen. Als Begründung führte sie ... an. ...
→ Als Begründung führte sie die Notwendigkeit einer Aussprache mit Wenzel an.
„Ich verstehe schon, Ihr macht's gut so!", sagte die Frau und ließ die zwei bald allein.
→ Die Frau äußerte Verständnis, billigte Nettchens Anliegen und ließ die zwei bald allein.
„Trinken Sie dies", sagte Nettchen, die sich wieder gesetzt hatte, „es wird Ihnen gesund sein!"
→ Nettchen, die sich wieder gesetzt hatte, forderte Wenzel auf, zu trinken, und zeigte sich besorgt um ihn.
[...] und sagte dann: „Wer sind Sie? Was wollten Sie mit mir?"
→ ... und bat um Aufklärung für sein Verhalten.

c) *Individuelle Schülerlösungen*

Seite 25

1 „Der Rückweg [von der Müllkippe zu den Brombeeren] erschien mir deutlich kürzer als der Hinweg. Vielleicht lag es daran, dass das Mädchen pausenlos redete. Sie lief zuerst hinter uns und dann zwischen uns und dann auf der anderen Seite vom Weg. Tschick hielt einmal seine Nase zu und sah mich dabei an, und es stimmte. Sie stank. Das

Mädchen stank entsetzlich. Auf der Müllkippe hatte man das nicht so gerochen, weil die ganze Müllkippe roch. Aber es war ein Riesengestank, der von ihr ausging. Ein Comiczeichner hätte Fliegen um ihren Kopf schwirren lassen. Und dazu redete sie pausenlos. [...] „Und du bist eher so der Stille", sagte das Mädchen und stupste mich an der Schulter und fragte noch mal, ob ich wirklich zur Schule gehen würde, und ich dachte, hoffentlich kommen die Brombeeren bald, sonst werden wir die nie mehr los.
Ich dachte auch, dass das Mädchen irgendwann von allein zurückgehen würde, aber sie lief wirklich drei oder vier Kilometer weit mit bis zu dieser Brombeerhecke. Mittlerweile hatte ich auch schon wieder Hunger und Tschick auch, und wir stürzten uns zu dritt in die Brombeeren.
„Wir müssen die irgendwie loswerden", flüsterte Tschick, und ich sah ihn an, als hätte er gesagt, wir sollten uns nicht die Füße absägen.
Und dann fing das Mädchen an zu singen. Ganz leise erst, auf Englisch, und immer unterbrochen von kleinen Pausen, wenn sie Brombeeren kaute.
„Jetzt singt sie auch noch kacke", sagte Tschick, und ich sagte nichts, denn im Ernst sang sie nicht kacke. Sie sang „Survivor" von Beyoncé. Ihre Aussprache war absurd. Sie konnte überhaupt kein Englisch, hatte ich den Eindruck, sie machte nur die Worte nach. Aber sie sang wahnsinnig schön. Ich hielt eine Ranke mit Daumen und Zeigefinger vorsichtig von mir weg und schaute zwischen den Blättern durch auf das Mädchen, das da singend und summend und Brombeeren kauend im Gebüsch stand. Dazu dann noch der Brombeergeschmack in meinem eigenen Mund und die orangerote Dämmerung über den Baumkronen und im Hintergrund immer das Rauschen der Autobahn – mir wurde ganz seltsam zumute."

2 a) Das mittlere Standbild stellt das Verhältnis von Maik, Isa und Tschick am Anfang des Textauszugs dar.

b) In deinem Standbild sollten die Strichmännchen Maik und das Mädchen aneinandergerückt sein und Tschick isoliert von den beiden stehen.

3 *So könnte deine Lösung aussehen:*
Am Anfang sind sich Tschick und Maik einig in der Ablehnung des Mädchens, das sich ihnen ungefragt anschließt. Denn das Mädchen stinkt (Z. 3–6) und geht ihnen mit ihrem unentwegten Reden auf die Nerven. Als das Mädchen anfängt zu singen, reagieren die Freunde jedoch unterschiedlich. Tschick findet das Singen nervig: „Jetzt singt sie auch noch kacke." (Z. 25) Maik dagegen ist von dem Gesang berührt und findet ihn „wahnsinnig schön" (Z. 27). Das singende Mädchen zieht ihn in seinen Bann und löst Gefühle in ihm aus, sodass ihm „ganz seltsam zumute" (Z. 31) wird.

Seite 26

4 *So könnte deine Lösung aussehen:*
(3) Ich hatte auch eine Gänsehaut. Aber nicht vor Kälte, sondern vor Aufregung/Erregung.
(4) Sie setzte sich an den Rand der Staustufe, zog ihr T-Shirt aus und sagte: „Fang an!" Aber ich konnte mich nicht rühren, weil ich immer ihren nackten Körper vor Augen hatte.
(5) „Warum fängst du nicht an? Ich will nicht, dass das T-Shirt voll Haare wird." Offenbar hatte sie bemerkt, dass ihre Nacktheit mich lähmte.
(6) Anfangs versuchte ich, Isas Kopf nicht dauernd mit der Hand zu berühren. Ich war noch nie zuvor einem Mädchen so nahe gekommen.
(7) Ich ging vor Isa in die Knie, um eine gerade Linie hinzukriegen, und bemühte mich, auch nicht im Entferntesten so auszusehen, als würde ich dabei woanders hingucken als auf diesen Pony. Tatsächlich aber schielte ich ständig auf ihren Busen.

Seite 27

5 *So könnte deine Lösung aussehen:*
Maik hat sich offensichtlich in Isa verliebt. Schon durch ihr Singen fühlt er sich angezogen und dieses Gefühl verstärkt sich, als er Isa nackt sieht und ihr näher kommt. Aber er reagiert zunächst verlegen und ist zu schüchtern, Isa seine Gefühle zu zeigen.

6 *So könnte deine Lösung aussehen:*
- Z. 13: „Was?" → Maik tut so, als habe er nicht verstanden, weil er völlig überrumpelt ist von Isas direkter Frage.
- Z. 15 f.: [...] mein Gesicht fühlte sich an, als hätte man heißes Wasser draufgegossen. → Isas Berührung lässt Maik das Blut in den Kopf schießen, ihm wird heiß.
- Z. 19–21: „Was und?" [...] „Was will ich?" → Maik versucht mit seinen Rückfragen Zeit zu gewinnen, weil er verwirrt ist und nicht weiß, was er antworten soll.
- Z. 23–26: „‚Nein', sagte ich. Meine Stimme war ganz hoch und fiepsig. [...] Auf einmal kamen mir die Berge und das alles ziemlich uninteressant vor. Was hatte Isa da gerade gesagt? Was hatte ich geantwortet?" → In seiner Verwirrung lehnt Maik Isas Angebot ab. Seine Stimme versagt dabei, weil er offenbar einen Kloß im Hals hat. Eigentlich genießt er Isas Nähe, nimmt nur noch sie wahr.
- Z. 32–38: „Aber tatsächlich wollte ich gar nicht mit ihr schlafen." [...] „Aber ich fand es schön mit deiner ... ähchrrm. Hand auf meinem Knie." → Maik will nicht mit Isa schlafen, ist jedoch deprimiert, als sie ihre Hand von seinem Knie zurückzieht; er überwindet sich schließlich, ihr das zu sagen.
- Z. 40: „‚Du zitterst ja', sagte sie." → Maik reagiert auf Isas Berührungen mit Hitze- (Hand auf dem Knie, s. o.) oder Kältewellen, also körperliche Zeichen seiner Verliebtheit.
- Z. 45 f.: „Und in dem Moment kam Tschick mit zwei Brötchentüten durch die Felsen gestiegen, und es wurde nichts mit Küssen." → Tschick stört die Zweisamkeit Isas und Maiks und verhindert das Küssen, das Maik offenbar gemocht hätte.

Seite 28

6 *So könnte deine Lösung aussehen:*
Ich verstehe die Welt nicht mehr! Eben wollte sie noch mit mir ficken – und dann sagt sie „Tschüss!" und ist weg. Irgendwie habe ich mit Mädchen immer Pech.
Ich fand sie toll, ficken wollte ich aber echt nicht. Ich kannte sie doch kaum. Doch das Küssen hätte ich gerne nachgeholt. Na ja –

Tschick hat schon Recht: Ich habe kein glückliches Händchen mit Frauen.

7 *So könnte deine Lösung aussehen:*
Maik ist im Verhältnis zu Mädchen auf der Suche. Der Körper und die ungewohnte Nähe eines Mädchens verschlagen ihm zunächst die Sprache. Er bemerkt seine Gefühle, kann sie aber nicht äußern, gesteht sich und Isa nicht ein, dass er verliebt ist. Die Frage nach dem Ficken überrumpelt ihn, er kann nicht mehr klar denken. Insofern ist er auf der Suche nach dem für ihn richtigen Weg in der Liebe.

Seite 29

8 *So könnte deine Lösung aussehen:*
2) Etwas später / Brombeerhecke (S. 25): Maik fühlt sich von Isas Singen angezogen, ihm wird „seltsam zumute“ (Z. 31), als er sie anschaut.
3) Am Stausee (S. 26): Als Isa nackt vor ihm sitzt, ist Maik überwältigt von ihrem Anblick.
4) Etwas später / am Stausee (S. 27): Maik ist glücklich in Isas Nähe, aber überfordert von ihrem Angebot, mit ihr zu schlafen. Zum Küssen kommt es wegen Tschick nicht.
5) Abschied von Isa (S. 28): Plötzlich aufgetaucht – plötzlich wieder weg. Isa fährt mit Reisebus davon, Maik ist „am Boden zerstört“.

9 *So könnte deine Lösung aussehen:*
Die Beziehung zwischen Maik und Isa in „Tschick“ von Wolfgang Herrndorf
In dem Roman „Tschick“ berichtet der vierzehnjährige Ich-Erzähler Maik Klingenberg, wie er mit seinem Schulfreund Tschick, einem Russlanddeutschen, in den Sommerferien mit einem gestohlenen Auto zu einer Reise in die Walachei aufbricht.
Unterwegs, auf einer Müllkippe, begegnen die beiden einem Mädchen namens Isa. Sie schließt sich ihnen an. Maik und Tschick wollen das eigentlich nicht. Ihre Ablehnung verstärkt sich, als sie bemerken, dass Isa entsetzlich nach Müll stinkt. Außerdem redet sie ununterbrochen und geht ihnen damit auf die Nerven. Als Isa Maik anspricht („Und du bist eher so der Stille“, S. 24, Z. 15) und an der Schulter stupst, reagiert er nicht und hofft, dass sie von allein zurückgehen werde. Maik und Tschick sind sich einig, dass sie Isa so schnell wie möglich loswerden müssen.
An einer Brombeerhecke, wo sie sich gegen den größten Hunger mit Früchten vollstopfen, beginnt Isa ein Lied von Beyoncé zu singen. Tschick ist auch davon genervt, er findet ihr Singen „kacke“. Maik widerspricht zwar nicht, tatsächlich aber ist er von Isas Gesang berührt und findet ihn „wahnsinnig schön“ (S. 25, Z. 27). Das singende Mädchen zieht ihn in seinen Bann und löst Gefühle in ihm aus, sodass ihm „ganz seltsam zumute“ (S. 25, Z. 31) wird.
Etwas später, als Maik und Tschick an einer Tankstelle vergeblich versuchen, Benzin aus einem anderen Autotank zu klauen, ist Isa, die sie an der Brombeerhecke zurückgelassen hatten, plötzlich wieder da. Als Dank für ihre Hilfe beim Benzinklauen nehmen sie sie in ihrem Auto mit. An einem Stausee machen sie Halt und nutzen die Gelegenheit, sich zu waschen. Maik soll Isa die Haare schneiden, aber als er sie nackt vor sich sieht, ist er wie erstarrt und kann gar nicht anfangen. Beim Schneiden fällt es ihm sehr schwer, sich auf Isas Haare zu konzentrieren und nicht ihren Busen anzustarren. Es wird deutlich, dass Maik sich in Isa verliebt hat, aber zu schüchtern ist, es ihr zu zeigen. Deshalb reagiert er unbeholfen und verlegen. Schließlich traut er sich, Isa zu sagen, dass sie super aussieht, ihr Anblick verschlägt ihm jedoch immer noch fast die Sprache, sodass seine Stimme „tonlos“ (S. 27, Z. 2) klingt. Während Maik neben der nackten Isa sitzt und die Landschaft betrachtet, will er ihr erklären, wie schön er das findet und wie glücklich er sich fühlt, aber er findet keine Worte.
In diese Stimmung hinein platzt Isa mit der Frage, ob er schon einmal gefickt habe. Maik ist völlig überrumpelt und tut zunächst so, als habe er sie nicht verstanden. Als Isa ihm ihre Hand auf das Knie legt, beginnt er zu zittern und lehnt ihr Angebot ab, weiß aber kaum, was er gesagt hat, und kann seine Stimme nicht beherrschen. Sie klingt „hoch und fiepsig“ (S. 27, Z. 24). Isas Nähe genießt er dennoch, er nimmt nur noch sie wahr und die Landschaft um ihn herum erscheint ihm nun uninteressant.
Als Isa ihre Hand zurückzieht, ist er deprimiert. Er gesteht sich ein, dass er nicht mit Isa schlafen will, aber dass es ihn glücklich macht, neben ihr zu sitzen mit ihrer Hand auf seinem Knie. Das traut er sich nach einigen inneren Anläufen auch zu sagen.
Isa legt den Arm um seine Schultern und schlägt vor, mit Küssen zu beginnen. Daraus wird jedoch nichts, weil in diesem Moment Tschick mit dem Frühstück auftaucht.
Ebenso plötzlich wie Isa aufgetaucht ist, ist sie auch wieder weg: Als sie einen Reisebus sieht, beschließt sie zu ihrer Halbschwester zu fahren. Sie „leiht“ sich das Geld von Maik, verabschiedet sich hastig und ist verschwunden. Damit ist die Beziehung zwischen Maik und Isa abrupt beendet und Maik ist am Boden zerstört – Tschick muss ihn „vom Asphalt“ aufsammeln (S. 28, Z. 16). Er spricht schließlich aus, was Maik die ganze Zeit vermieden hat: Dass er sich in Isa verliebt hat.
Maik hatte offenbar noch keine Beziehung zu einem Mädchen. Deshalb ist er so überwältigt von Isas Körper. Seine Reaktionen auf Isa – seine Schüchternheit und Verlegenheit, seine Panik, als sie ihn fragt, ob er ficken will, einerseits; sein Wunsch, mit ihr zusammen zu sein und ihre Hand zu spüren, andererseits zeigen, dass er im Verhältnis zu Mädchen noch auf der Suche ist.

Seite 31

1
- Armgard fürchtet sich vor Geßler, stellt sich ihm aber trotzdem in den Weg.
- Geßler sagt, er habe den Hut aufgestellt, um dem Volk seine Macht vor Augen zu führen.
- Armgard bittet Geßler um die Freilassung ihres Mannes aus dem Gefängnis.
- Rudolf der Harras setzt sich bei Geßler für Armgard ein.

2 *So könnte deine Lösung aussehen:*
Armgard: mutig (Z. 2 f.), verzweifelt (Z. 19, Z. 22–24)
Geßler: herrisch (Z. 5–13, Z. 20 f.), grausam (Z. 15–17)
Rudolf: einfühlsam (Z. 25), vermittelnd (Z. 31–36)

Seite 32

3 a) und **b)** *So könnte deine Lösung aussehen:*
Ich halte Aussage C für zutreffend, da sich Armgard Geßler wiedersetzt und ihm nicht aus dem Weg geht. Sie greift ihm sogar, als er sie wegschaffen lassen will, in die Zügel des Pferdes und wirft sich ihm zu Füßen. Dies macht Geßler nur umso wütender und er ist kurz davor, ihr Gewalt anzutun – also eskaliert die Situation.

Seite 33

4 B Tell tötet Geßler, indem er ihn mit einem Pfeil durchbohrt.
C Tell fürchtet nach dem Tod Geßlers nicht mehr um die Freiheit des Landes.
D Alle außer Rudolf der Harras sind ausgelassen und froh über den Tod Geßlers.

5 *So könnte deine Lösung aussehen:*

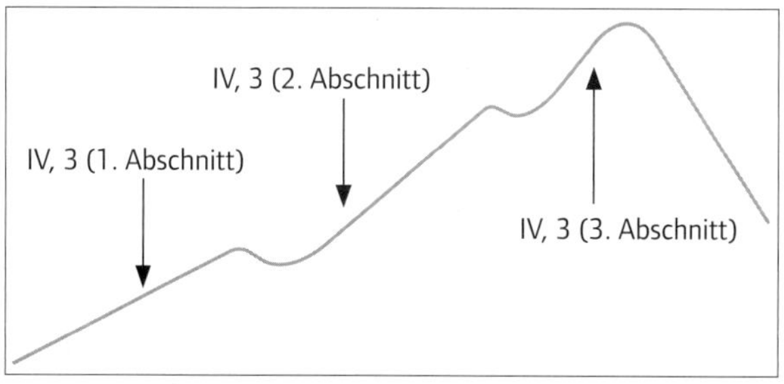

Seite 34

1 *So könnte deine Lösung aussehen:*
In dem Drama „Wilhelm Tell" von Friedrich Schiller aus dem Jahr 1804 geht es um den Freiheitskämpfer Wilhelm Tell und dessen Mord am Landvogt Geßler.

2 a) Tell hegt Mordpläne gegen Geßler. → Armgard stellt sich Geßler in den Weg. → Armgard bittet Geßler um die Freilassung ihres Mannes. → Geßler wiegelt Armgards Bitte ab und droht ihr Gewalt an. → Armgard ist aus Verzweiflung dazu bereit, sich mit ihren Kindern von Geßlers Pferd zertrampeln zu lassen. → Tell tötet Geßler mit einem Pfeilschuss. → Tell wird vom Volk als Retter und Held gefeiert.

b) Die Szene IV, 3 befindet sich ziemlich weit am Ende des Dramas. Kurz zuvor hegt Tell Mordpläne gegen Geßler. Daraufhin stellt Armgard sich Geßler in den Weg und bittet ihn um die Freilassung ihres Mannes. Dann wiegelt Geßler Armgards Bitte ab und droht ihr Gewalt an. Im Anschluss daran ist Armgard aus Verzweiflung dazu bereit, sich mit ihren Kindern von Geßlers Pferd zertrampeln zu lassen. Allerdings tötet Tell Geßler mit einem Pfeilschuss. Schließlich wird Tell vom Volk als Retter und Held gefeiert.

3 a) Die Armgard-Episode zeigt, dass Geßler ein grausamer und rücksichtsloser Herrscher ist.

Seite 35

3 b) In meinen Augen wird Tells Mord an Geßler durch die Armgard-Episode in ein etwas anderes Licht gerückt, weil so noch deutlicher wird, dass Tell nicht nur aus eigenem Interesse handelt und einen persönlichen Rachefeldzug gegen Geßler plant, sondern sich auch für alle diejenigen einsetzt, die von Geßler unterdrückt und schikaniert werden.

4 *So könnte deine Lösung aussehen:*
- Tat ist eher gerechtfertigt, aber immer noch ein Mord, der durch eine offene Rebellion womöglich verhindert worden wäre.
- Motiv der Befreiung und Handlung im Sinne des Volkes wird bestärkt, da dieses sehr erfreut über den Tod Geßlers ist.
- Das Volk, hier an Armgard gezeigt, litt sehr stark unter dem Landvogt, da dieser nur grausam und ungerecht herrscht (Geßler kündigte sogar an, das Volk noch stärker zu unterdrücken).

Seite 36

1 *So könnte deine Lösung aussehen:*
Das lyrische Ich begibt sich auf Reisen und freut sich, wieder nach Hause zu kommen.
Begründung: Das lyrische ich verreist (vgl. Vers 4: „Ich muss verreisen."). Es kehrt aber auch froh wieder nach Hause zurück (vgl. Verse 15 f.: „Bis ich erkenne: Hier ist dort / Und neu vergnügt nach Hause wandre").

Seite 37

2/3 a) *So könnte deine Lösung aussehen:*
- Wörter und Wortgruppen im Zusammenhang mit der Ferne und mit dem Zuhause
- Sätze, die keine Aussagesätze sind

x x́ x x́ x x́ x x́
Es gibt der Worte nicht genug, a
x x́ x x́ x x́ x x́ x
Um Heim und Heimat laut zu preisen. b
x x́ x x́ x x́ x x́
Um zehn Uhr vierzig geht mein Zug. a
x x́ x x́ x x́ x x́ x
Adieu! Adieu! Ich muss verreisen. b

x x́ x x́ x x́ x x́
Mein Reisekoffer, frisch entstaubt, c
x x́ x x́ x x́ x x́ x
Folgt seiner Sehnsucht in die Weite d
x x́ x x́ x x́ x x́
Und hat mir freundschaftlich erlaubt, c
x x́ x x́ x x́ x x́ x
Dass ich ihn unterwegs begleite. d

x x́ x x́ x x́ x x́
Und Sehnsucht, Kohle und Benzin e
x x́ x x́ x x́ x x́ x
Soll uns recht fern durch Fremdes treiben, f
x x́ x x́ x x́ x x́
Damit wir denen, die wir fliehn, e
x x́ x x́ x x́ x x́ x
Recht frohe Ansichtskarten schreiben. f

x x́ x x́ x x́ x x́
Auf Wiedersehn! Ich reise fort. g
x x́ x x́ x x́ x x́ x
Mein Reisegeld sucht andres, andre. h
x x́ x x́ x x́ x x́
Bis ich erkenne: Hier ist dort g
x x́ x x́ x x́ x x́ x
Und neu vergnügt nach Hause wandre. h

- Strophen: 4; Verse:16; Reimschema: Kreuzreim (abab); Metrum: Jambus

3 b) Das „Reisegeldgedicht" wurde von Joachim Ringelnatz verfasst und besteht aus vier Strophen, die jeweils vier Verse haben. Als Reimschema liegt ein Kreuzreim vor. Bei dem Metrum handelt es sich um einen Jambus. Auffällig ist, dass neben den Aussagesätzen auch Ausrufesätze verwendet werden (z. B. Strophe 1, Vers 4).

4 a) Strophe 4: „Mein Reisegeld sucht andres, andre."

b) *So könnte deine Lösung aussehen:*
„Reisekoffer" (V. 5) und „Reisegeld" (V. 14) stellen Personifikationen dar. Das erkennt man daran, dass beide Gegenstände vermenschlicht werden: Der Koffer „folgt seiner Sehnsucht" (V. 6), das „Reisegeld" verhält sich ebenfalls wie ein Mensch, indem es etwas Anderes „sucht" (V. 14). Die „Sehnsucht" nach der Ferne würde man eigentlich dem lyrischen Ich zuschreiben, welches sich auf Reisen begibt. Tatsächlich aber wird sie auf den „Reisekoffer" bezogen. Dadurch erscheint das Fernweh, welches das lyrische Ich zum Verreisen antreibt, nicht mehr ernsthaft gemeint. Das lyrische Ich verreist demnach nur deshalb, weil der Koffer auf Reisen gehen will und dem lyrischen Ich lediglich das Mitreisen „erlaubt" (V. 7).

5 *So könnte deine Lösung aussehen:*
Besonders wichtig erscheint die Stelle in den Versen 15–16: „Bis ich erkenne: Hier ist dort / Und neu vergnügt nach Hause wandre." Während vorher von „Sehnsucht in die Weite" (V. 6) die Rede war, freut sich das lyrische Ich auf die Rückkehr nach Hause, da es dort nicht anders sei als in der Ferne (V. 15: „Hier ist dort").

6 *So könnte deine Lösung aussehen:*
Die Einstellung des lyrischen Ichs zum Reisen wirkt zunächst begeistert. Allerdings betont es schon zu Beginn, wie wichtig ihm sein Zuhause ist: „Es gibt der Worte nicht genug, / Um Heim und Heimat laut zu preisen" (V. 1–2). Am Schluss des Gedichts freut es sich auch wieder auf die Rückkehr (vgl. V. 16), weil es feststellt, dass die bereisten Orte ihm nicht mehr bieten können als die Heimat: „Hier ist dort" (V. 15). Hier kann man die Einstellung des lyrischen Ichs zum Reisen als rückblickend spöttisch oder kritisch beschreiben, zumindest steht es dem Reisen nun nicht mehr begeistert gegenüber.

Seite 39

1 *So könnte deine Lösung aussehen:*
Das Gedicht stellt eine Aufforderung des lyrischen Ichs dar, Reisen zu unternehmen. Es fordert einen Jungen auf, die Welt zu erkunden. Dabei betont das lyrische Ich jedoch, dass er auf Reisen auch an sich selbst denken soll.

2 a) *So könnte deine Lösung aussehen:*
- Strophe 1: Aufforderung zum Verreisen
- Strophe 2: Fremdes kennen lernen und wahrnehmen
- Strophe 3: Fremdes in Büchern kennen lernen
- Strophe 4: Andere Länder und Kontinente bereisen
- Strophe 5: Es geht immer um dich selbst

b) *So könnte deine Lösung aussehen:*
Die Strophen 2–4 könnten sinngemäß zusammengefasst werden, da es hier um verschiedene Möglichkeiten geht, Fremdes kennen zu lernen.

3 *So könnte deine Lösung aussehen:*
x́ x x́ x x́ x x́
Fahre mit der Eisenbahn, a
x́ x x́ x x́ x
fahre, Junge, fahre! b
x́ x x́ x x́ x x́
Auf dem Deck vom Wasserkahn a
x́ x x́ x x́ x
wehen deine Haare. b

x́ x x́ x x́ x x́
Tauch in fremde Städte ein, c
x́ x x́ x x́ x
lauf in fremden Gassen; d
x́ x x́ x x́ x x́
höre fremde Menschen schrein, c
x́ x x́ x x́ x
trink aus fremden Tassen. d

x́ x x́ x x́ x x́
Flieh Betrieb und Telefon, e
x́ x x́ x x́ x
grab in alten Schmökern, f
x́ x x́ x x́ x x́
sieh am Seinekai, mein Sohn, e
x́ x x́ x x́ x
Weisheit still verhökern. f

x́ x x́ x x́ x x́
Lauf in Afrika umher, g
x́ x x́ x x́ x
reite durch Oasen; h
x́ x x́ x x́ x x́
lausche auf ein blaues Meer, g
x́ x x́ x x́ x
hör den Mistral blasen! h

x́ x x́ x x́ x x́
Wie du auch die Welt durchflitzt i
x́ x x́ x x́
ohne Rast und Ruh –: j
x́ x x́ x x́ x x́
Hinten auf dem Puffer sitzt i
x́
du. j

- Strophen: 5, Verse: 20; Reimschema: Kreuzreim; Metrum: Trochäus
- Die letzte Strophe unterscheidet sich von der ersten darin, dass der letzte Vers keinen Trochäus darstellt, sondern nur aus einer betonten Silbe / einem betonten Wort („du") besteht. Dieses Wort wird dadurch besonders hervorgehoben.

b) Verse 3–4, Verse 17–18, Verse 19–20

4 *So könnte deine Lösung aussehen:*
Es kommen viele Imperative vor: „fahre" (S. 38, V. 1 f.), „tauch" (V. 5), „lauf" (V. 6 und 13), „höre" (V. 7), „trink" (V. 8), „flieh"

(V. 9), „grab" (V. 10), „sieh" (V. 11), „reite" (V. 14), „lausche" (V. 15), „hör" (V. 16).

Seite 40

5 **a)** Verben der Bewegung: fahren, wehen, tauchen, laufen, fliehen, reiten, durchflitzen
Verben der Wahrnehmung: hören, sehen, lauschen
weitere Verben: schreien, trinken, graben, verhökern, blasen, sitzen

b) *So könnte deine Lösung aussehen:*
„fremde[n]" (V. 5–8), „alten" (V. 10), „still" (V. 12), „blaues" (V. 15)
Es fällt auf, dass in der zweiten Strophe das Adjektiv *fremd* viermal verwendet wird.

6 *So könnte deine Lösung aussehen:*
Während das lyrische Ich in den Strophen 1–4 zum Reisen auffordert, so macht es in der letzten Strophe deutlich, dass man bei den vielen hastigen Eindrücken auf Reisen sich selbst nicht vergessen soll: „Hinten auf dem Puffer sitzt / du." (V. 19 f.) Der kurze letzte Vers betont dabei die angesprochene Person. Die anschauliche Wortwahl, z. B. in Vers 17 („durchflitzt"), verdeutlicht auf humorvolle Weise, dass das Reisen auch zu einer sehr hastigen Angelegenheit werden kann, wenn man nirgendwo verweilt. Auch die Alliteration in Vers 18 („ohne Rast und Ruh"), bewirkt, dass die Geschwindigkeit und Schnelllebigkeit der Eindrücke hervorgehoben werden. Zusammenfassend wird demnach deutlich, dass das lyrische Ich eine positive Einstellung zum Reisen hat. Allerdings soll der Reisende nicht um der Reise selbst willen unterwegs sein, sondern um sich weiterzubilden, weiterzuentwickeln, neue Eindrücke und Erfahrungen zu sammeln.

Seite 41

7 Der Vergleich D trifft am meisten zu.

Seite 43

1 *So könnte deine Lösung aussehen:*
In dem Text geht es um die Entwicklung des Wohnens und die Besonderheiten eines vernetzten Zuhauses, eines Smart Homes.

2 *So könnte deine Lösung aussehen:*
Abschnitt 1 (Z. 1–6): Flexibilität des Wohnraums als Vision des Architekturkongresses Ciam von 1929; Abschnitt 2 (Z. 7–16): Vernetzte Häuser stellen sich auf die Bewohner/-innen und ihre Bedürfnisse ein; Abschnitt 3 (Z. 17–22): Vernetztes Zuhause für hilfsbedürftige Menschen besonders sinnvoll; Abschnitt 4 (Z. 23–27): Auch Möbel und Nutzgegenstände werden multifunktional; Abschnitt 5 (Z. 28–33): Vorteile der neuen Technologie sollen Zweifel überwinden helfen.

3 **a) die Visionäre:** Menschen, die bestimmte Ideen für die Zukunft umsetzen wollen
Bauhaus: Hochschule in Weimar, die Architektur, Kunst und Design weltweit beeinflusst hat
integriert: eingegliedert
die Einzelkomponenten: die einzelnen Bestandteile
der demografische Wandel: Veränderung im Altersaufbau der Bevölkerung
primär: in erster Linie
die Skepsis: Zweifel

b) *Individuelle Schülerlösungen*

4 → s. Mindmap unten

Seite 44

5 *So könnte deine Lösung aussehen:*
1. Absatz (Z. 3–7): Digitalisierung als Trendthema beim Bauen und Wohnen
   - smarte Technik erobert privaten Wohnbereich
   - Bedienung der Haustechnik mithilfe des Smartphones
2. Absatz (Z. 8–13): Definition von „Smart Home"
   - vernetztes Eigenheim
   - Verbindung verschiedener Haustechnik-Systeme (Beleuchtung, Heizung, Haushaltsgeräte)
   - zentrale Steuerung
3. Absatz (Z. 14–18): Beispiele für Funktionen des Smart Homes
   - Verbindung der Solaranlage mit Heizung, Rollos, Warmwasser usw. abhängig von der Sonneneinstrahlung
   - führt zu Energieeinsparungen und mehr Komfort
4. Absatz (Z. 19–24): Markt für Smart Homes
   - Markt ist bisher klein (3 %), steigt in naher Zukunft aber vermutlich stark an
   - bis 2020 vermutlich jeder vierte deutsche Haushalt mit Smart-Home-Produkten ausgestattet

Mindmap zu Seite 43, Aufgabe 4

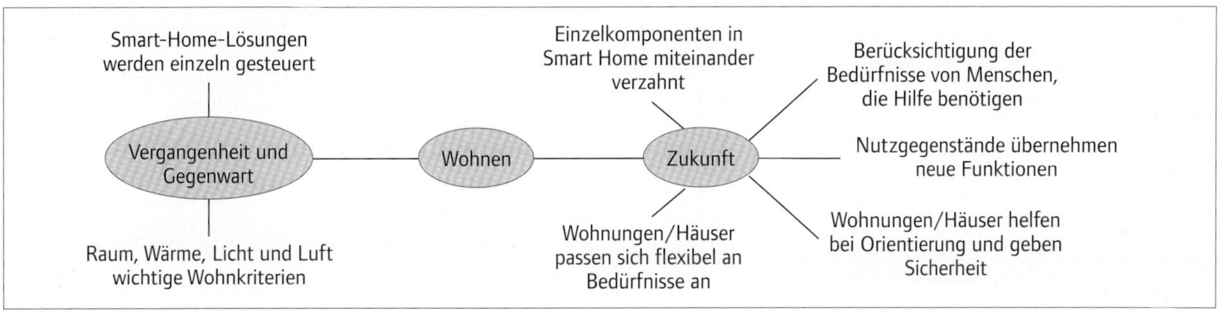

5. Absatz (Z. 25–31): Möglichkeiten und Nutzen von Smart-Home-Technik
   - zahlreiche Firmen entwickeln derzeit Smart-Home-Produkte
   - z.T. handelt es sich um „Spielereien"
   - durchsetzen werden sich sinnvolle Lösungen

Seite 45

6 a) *So könnte deine Lösung aussehen:*
Das Balken-Diagramm hat die Wünsche heutiger Internetnutzer an ein Smart Home zum Thema. Die Ergebnisse stammen aus einer Umfrage aus der Zeitschrift „Zeit Wissen" aus dem Jahr 2015. Dargestellt werden verschiedene Dinge, die Internetnutzer gerne zu Hause fernsteuern würden. Es fällt auf, dass die meisten Befragten eine Fernsteuerung zur Regulierung der Heizung und zum Öffnen der Fenster nutzen würden. Die Möglichkeit, Haustiere zu füttern, spielt nur für 7,2 % der Befragten eine Rolle. Kein Interesse an der neuen Technologie äußern 22,3 % der Befragten. Zusammenfassend lässt sich sagen, dass sich die befragten Internetnutzer in Bezug auf Smart Home vor allem eine Unterstützung bei Aufgaben im Haushalt erhoffen.

b) *So könnte deine Lösung aussehen:*
Das Säulen-Diagramm hat die Marktentwicklung von Smart Homes zum Thema. Die Ergebnisse stammen aus einer Erhebung von Statista aus dem Jahr 2015. Dargestellt wird, wie sich der Markt für Smart Homes von 2015 bis zum Jahr 2020 in den USA, Japan, Deutschland, China und Großbritannien vermutlich entwickeln wird. Es fällt auf, dass für die USA mit deutlichem Abstand zu den anderen Ländern die höchste prognostizierte Anzahl von Smart Homes vorausgesagt wird. Am wenigsten wird sich laut der Erhebung von Statista in Großbritannien verändern. Auch in Deutschland soll sich der Markt für Smart Homes eher zurückhaltend entwickeln. Zusammenfassend lässt sich sagen, dass diese neue Technologie in Zukunft offenbar nur für die USA eine wichtige Rolle spielen wird.

7 a) In M 2 werden in den Zeilen 27–29 Informationen aus dem Balken-Diagramm (M 3) und in den Zeilen 17–22 Informationen aus dem Säulen-Diagramm (M 4) thematisiert.

b)
- Text und M 3: Hilfe bei der Bewältigung von Aufgaben im Haushalt macht neue Technologie für Nutzer/-innen attraktiv
- Text und M 4: Markt für Smart-Home-Angebote klein, Text: deutlich positivere Marktentwicklung für Smart Homes und Zeitraum von 2015 bis 2025 statt Vergleich der Jahre 2015 und 2020 (in M 4)

Seite 46

8 a) Passagen, in denen die Meinung von Volkmar Keuter deutlich wird: S. 43, Z. 1, 7 f., 10–13, 18 f., 29–34
Passagen, in denen die Meinung von Barbara Bachmann deutlich wird: Z. 1–10, 26 f., 37

b) *So könnte deine Lösung aussehen:*
Volkmar Keuter: Meiner Meinung nach wird uns das vernetzte Zuhause helfen, Familie, Gesundheit und Beruf miteinander zu vereinbaren, und es wird unser Leben vereinfachen.
Barbara Bachmann: Intelligente Häuser sind vor allem ein Einschnitt in die Privatsphäre und bieten weniger Sicherheit.

Seite 47

9 a)

Smart Home	
Vorteile	**Nachteile**
– Technologie übernimmt Aufgaben im Haushalt – stellt sich flexibel auf die Bedürfnisse der Nutzer/-innen ein, lernt aus deren Verhalten und wird vorausschauend – kann Menschen, die Hilfe benötigen und pflegebedürftig sind, unterstützen – kann helfen, Energie sinnvoll zu nutzen und Kosten zu senken – expandierender Markt (vor allem in den USA) bietet neue Gewinnmöglichkeiten	– Eingriff in die Privatsphäre – hohes Sicherheitsrisiko – Kosten für die Installation

b) *Individuelle Schülerlösungen*

Seite 48

1 Nomen (Nominativ Singular): Ausdruck (Z. 1), Tätigkeit (Z. 3), Ausbildung (Z. 4), Hilfe (Z. 5), Jahr (Z. 6), Bewegung (Z. 6), Videokanal (Z. 7), YouTube (Z. 7), Fangemeinde (Z. 8), Bereich (Z. 8 f.), Wohnraumdeko (Z. 9), Upcycling (Z. 9), Basteln (Z. 9), Backen (Z. 10), Nähen (Z. 10), Begriff (Z. 10), Zubehör (Z. 13), Stoff (Z. 14), Nähmaschine (Z. 14), Kleidungsstück (Z. 15), DIY-Anhänger (Z. 15 f.), Motto (Z. 16), Fehler (Z. 17)
Artikel: der (Z. 1), ein (Z. 5, Z. 14), den (Z. 6), eine (Z. 7, Z. 14)
Adjektiv (Positiv): englisch (Z. 1), eigenständig (Z. 3), besondere (Z. 4), kreativ (Z. 6), groß (Z. 7), eigene (Z. 14), einfach (Z. 16)
Adverb: am ehesten (Z. 2), dazu (Z. 3), auch (Z. 6, Z. 8), immer (Z. 7), teilweise (Z. 8), nicht (Z. 13), manchmal (Z. 13), daher (Z. 16)
Verb (Infinitiv): lassen (Z. 1), machen (Z. 2), übersetzen (Z. 2), zählen (Z. 3), ausführen (Z. 4 f.), werden (Z. 5), können (Z. 5), erhalten (Z. 6), zusammenfassen (Z. 11), ausleben (Z. 12), wollen (Z. 12), brauchen (Z. 12), reichen (Z. 13), nähen (Z. 15), sagen (Z. 15), lauten (Z. 16), anfangen (Z. 16), sich trauen (Z. 17), machen (Z. 17)
Präposition: mit (Z. 2), ohne (Z. 4), seit (Z. 5), durch (Z. 6), unter (Z. 10)
Konjunktion: und (Z. 4, Z. 14, Z. 17), oder (Z. 4, Z. 10), wie (Z. 9), um (Z. 14)
Pronomen: es (Z. 2), die (Z. 3), diese (Z. 6), diesem (Z. 10), wer (Z. 12), ihr (Z. 16), dich (Z. 17)

Seite 49

2 a) Man zählt dazu Tätigkeiten (Aktiv), die eigenständig und ohne besondere Ausbildung oder Hilfe ausgeführt werden können (Passiv).

b) Dazu werden Tätigkeiten gezählt, die man eigenständig und ohne besondere Ausbildung oder Hilfe ausführen kann.

3 a) und **b)** Präsens: werden zusammengefasst; Präteritum: wurden zusammengefasst; Perfekt: sind zusammengefasst worden; Plusquamperfekt: waren zusammengefasst worden; Futur I: werden zusammengefasst werden

4 a) und **b)** Konjunktiv I, Konjunktiv II
Viele DIY-Anhänger sagen, wer sich kreativ ausleben wolle, brauche gar nicht so viel Zubehör. Manchmal reichten schon Stoff und eine Nähmaschine, um sich ein eigenes Kleidungsstück zu nähen.

5 Ich wünschte, ich wäre handwerklich begabt / besäße eine Nähmaschine / könnte mich kreativ ausleben.

Seite 50

1 A Beim Nähen werden zwei unterschiedliche Stoffbahnen miteinander zu einem größeren Stück verbunden.
B Vor dem eigentlichen Nähvorgang wird das Nähgarn in die Nadel eingefädelt.
C Besonders aufwendige Kleidungsstücke werden meisten nur von fortgeschrittenen Näherinnen und Nähern genäht.

2 A Das Kleid wird von ihr für ihre Schwester genäht.
B Der Mechaniker reparierte die defekte Nähmaschine ordnungsgemäß.
C Die Nähmaschine wird von den meisten DIY-Anhängern zur Grundausstattung gezählt.

Seite 51

1 a) und **b)**
Konjunktiv I:
Brücke: sei- / ich sei, du seist, er sei, wir seien, ihr seiet, sie seien
Brücke: wiss- / ich wisse, du wissest, sie wisse, wir wissen, ihr wisset, sie wissen
Konjunktiv II:
Brücke: (ich) war / ich wäre, du wärest, es wäre, wir wären, ihr wäret, sie wären
Brücke: (ich) wusste / ich wüsste, du wüsstest, er wüsste, wir wüssten, ihr wüsstet, sie wüssten

2 *Du solltest einen der hier umgeformten Abschnitte erarbeitet haben:*
A Auf die Frage, warum es sich lohne, Dinge selbst zu machen, antwortet die Bloggerin Svenja, das Gefühl, etwas Selbstgemachtes in den Händen zu halten, sei einfach großartig – das wisse wahrscheinlich jeder DIY-Freund! Und auch der Weg dorthin sei für sie immer etwas Besonderes: Basteln, Nähen und Stricken hätten einfach etwas Beruhigendes und Meditatives. Sie liebe es, in diesem Tunnel zu sein und dann hinterher auch noch mit einem (hoffentlich gelungenen) selbst gemachten Stück belohnt zu werden. Für sie sei es das schönste Hobby der Welt!
B Auf die Frage, warum das Thema Upcycling so wichtig für sie sei, antwortet die Bloggerin Svenja, wir alle schmissen so viele Dinge weg oder kauften 1000 neue Sachen, sogar für Bastelprojekte. Oft müsse das jedoch gar nicht sein, wir alle hätten so viele Dinge zu Hause herumliegen, die nur darauf warteten, in neuem Licht zu erstrahlen. Mit der Kategorie Upcycling wolle sie Inspiration liefern und dazu anregen, dass man oft mit vorhandenen Materialien auch noch tolle Projekte basteln und nähen könne und dass individuelle Geschenke und DIY auch mit kleinem Budget und ohne Riesenaufwand möglich seien.

Seite 52

1 a) B: durfte, wollte; C: müssen; D: können, möchte; E: muss

b) und **c)**
B Vor 15 Jahren musste Selbstgemachtes manchmal sein, weil man sich finanziell nichts anderes leisten konnte. (Zwang; Fähigkeit)
C Heutzutage möchten / wollen viele Menschen Selbstgemachtes verschenken und geschenkt bekommen. (Wunsch / Bereitschaft)
D Viele Menschen möchten / wollen sich entspannen und da man beim Selbermachen beide Hände braucht, kann man nicht nebenbei noch tippen oder telefonieren. (Wunsch / Bereitschaft, Fähigkeit)
E Wenn die Hände voller Kleister, Mehl oder Gartenerde sind, kann / will / möchte man nicht aufhören. (Fähigkeit / Wunsch / Bereitschaft)

2 a) B: müssten; C: soll; D: solltest, kannst

b) *So könnte deine Lösung aussehen:*
B Doch es gibt immer mehr Alternativen, die vermutlich einen guten Ersatz zum Plastik darstellen.
C Mittlerweile gibt es angeblich sogar Obstnetze aus Holz, Wasserflaschen aus Algen und Folie aus Milch.
D Falls du Interesse an solchen Alternativen hast, kannst du viele von ihnen selbst herstellen.

Seite 53

1 a) A: Passiv; B: Aktiv

b) A: Bastler verwenden beim Origami-Falten meist quadratisches Papier.
B: Von geübten Bastlern werden die verschiedensten Modelle auch aus rundem Papier gefaltet.

2 Auf die Frage, wie sie entscheide, in welcher Kategorie ihres DIY-Blogs ein Beitrag erscheine, antwortet die Bloggerin Svenja, im Grunde wähle sie ihre Themen immer danach aus, worauf sie gerade selbst am meisten Lust habe. Manchmal nähe sie lieber, manchmal könne sie die Stricknadeln nicht aus der Hand legen und ganz oft landeten auch selbst gemachte Geschenke im Blog – nach dem Verschenken, verstehe sich.

3 Ich darf wegen meiner guten Kunst-Note an der DIY-AG teilnehmen. (Erlaubnis)
Ich kann dort viele praktische Erfahrungen sammeln. (Möglichkeit)
Ich möchte / will dort alle Weihnachtsgeschenke selber basteln. (Absicht)
Ich muss meine Ergebnisse am Tag der offenen Tür präsentieren. (Verpflichtung)
Ich soll dadurch andere dazu anregen, Dinge selber herzustellen. (Auftrag)

Seite 54

1 Einfacher Hauptsatz: A, B, C, F; Satzgefüge: E; Satzreihe: D

2 Satzmodell B passt zu Satz E.

3 a) und **b)**

Satzklammer

	Vorfeld	**Linke Satzklammer: finiter Prädikatsteil**	**Mittelfeld**	**Rechte Satzklammer: 2. Teil des Prädikats**
A V1	–	Willst	du dir das Leben leichter	machen?
B V1	–	Probiere	Life-Hacks	aus!
C V2	„Life-Hack"	kann	mit „Alltagstrick"	übersetzt werden.
F V2	Auf YouTube	bilden	Life-Hacks eine eigene Klasse von Videos mit hilfreichen Tipps.	–

4 *So könnte deine Lösung aussehen:*
- Adverbiale Bestimmung der Zeit: häufig (Satz D)
- Adverbiale Bestimmung der Art und Weise: kreativ (Satz D), in einem neuen Zusammenhang (Satz D)
- Adverbiale Bestimmung des Ortes: auf YouTube (Satz F)

Seite 55

1 A: Subjekt; B: Subjekt; C: Objekt; D: Subjekt

2 a) und **b)**
B: damit (Finalsatz); C: 1. wenngleich (Konzessivsatz), 2. falls (Konditionalsatz); D: indem (Modalsatz); E: 1. da (Kausalsatz), 2. bevor (Temporalsatz); F: solange (Temporalsatz); G: wenn (Konditionalsatz)

Seite 56

1 ______Hauptsatz______, ______Hauptsatz______.
(Die Infinitivgruppe mit „um … zu" ist kein Nebensatz.)

2 a)

Satzklammer

Vorfeld	**Linke Satzklammer: finiter Prädikatsteil**	**Mittelfeld**	**Rechte Satzklammer: 2. Teil des Prädikats**
Dennoch	liegen	viele vergessene Exemplare auf dem Dachboden oder im Keller	herum.
Irgendwo	findet	man immer eine der blauen Tüten.	–
Tatsächlich	geht	es erst nach den Einkaufstouren im Leben einer Frakta-Tüte so richtig	los.

b) Dennoch (Adv. Best.) liegen (Präd., 1. Teil) viele vergessene Exemplare (Subj. mit Attr.) auf dem Dachboden oder im Keller (Adv. Best.) herum (Präd., 2. Teil).
Irgendwo (Adv. Best.) findet (Präd.) man (Subj.) immer (Adv. Best.) eine (Obj.) der blauen Tüten (Attr.).

Seite 57

1 a) Einfache Hauptsätze: A, F; Satzreihe: C, E; Satzgefüge: B, D

b) Satz D: → s. Tabelle, S. 15.

Seite 58

1 a) und **b)**
B erst nach einer ausführlichen Fehlerdiagnose: Adv. Best. der Zeit
→ Die Reparatur wird erst vorgenommen, nachdem eine ausführliche Fehlerdiagnose durchgeführt worden ist.
C mit Geduld und Sachkenntnis: Adv. Best. der Art und Weise
→ Eine vollständige Instandsetzung kann nur geleistet werden, wenn/indem Geduld und Sachkenntnis vorliegen.

2 A Weil die Nachfrage nach Repair-Cafés stetig zugenommen hat, gibt es in Deutschland mittlerweile mehr als 500 Initiativen.
B Inhaber von Repair-Cafés wollen ein Zeichen gegen die Wegwerfgesellschaft setzen, indem sie Waren reparieren, deren Defekte oftmals von der Industrie geplant worden sind.
C Einige wenige Repair-Cafés besitzen sogar 3D-Drucker, sodass defekte oder fehlende Bauteile neu hergestellt werden können.

Seite 59

1 **a)** und **b)** → s. Tabelle unten

c) Satz A: Verberstsatz; Satz B: Verbzweitsatz

d) Im Internet (Adv. Best.) findest (Präd.) du (Subj.) DIY-Geschenkideen (Obj.) für jeden Geschmack (Attr.).

2 A Upcycling ist noch umweltbewusster als Recycling, **da** man dabei Abfall als Material für die Herstellung neuer Produkte verwendet.

B Beim Upcycling brauchst du ein bisschen Fantasie und viel Müll bzw. Nutzloses, **damit** du etwas Neues, z. B. einen Schlüsselanhänger aus einem Korken, herstellen kannst.

Seite 60

1 **a)**

A Von den Mitarbeitern der Repair-Cafés erwarten die Hilfesuchenden eine Reparatur ihrer defekten Alltagsgegenstände. (Wen/was? → Objekt)
Von den Mitarbeitern der Repair-Cafés erwarten die Hilfesuchenden, dass ihre defekten Alltagsgegenstände repariert werden. (Objektsatz)

B Die dort anwesenden ehrenamtlichen Helfer danken den Besuchern ihre anhaltende Geduld bei der Reparatur. (Wen/was? → Objekt)
Die dort anwesenden ehrenamtlichen Helfer danken den Besuchern, dass ihre Geduld bei der Reparatur anhält. (Objektsatz)

C Das kostenlose Instandsetzen der mitgebrachten Gegenstände freut die Besucher des Repair-Cafés sehr. (Wer/was? → Subjekt)
Dass die mitgebrachten Gegenstände kostenlos instand gesetzt werden, freut die Besucher des Repair-Cafés sehr. (Subjektsatz)

b) *Individuelle Schülerlösungen*

c) Der Objektsatz kann im Vor- und Nachfeld des Satzes stehen, nicht aber im Mittelfeld.

Seite 61

1

Infinitiv	Wortstamm	Partizip I	Partizip II
fahren	fahr-	fahr-end	ge-fahr-en
reden	red-	red-end	ge-red-et
ärgern	ärger-	ärger-nd	ge-ärger-t
studieren	studier-	studier-end	studier-t
bringen	bring-	bring-end	ge-brach-t
nehmen	nehm-	nehm-end	ge-nomm-en
treffen	treff-	treff-end	ge-troff-en

2 **a)** und **b)** (Partizip I, Partizip II)

B Fest entschlossen, meine tägliche Umgebung …
→ Da ich fest entschlossen war, meine tägliche Umgebung …

C Die Wände, in verschiedenen Rottönen gestrichen, lassen …
→ Die Wände, die in verschiedenen Rottönen gestrichen (worden) sind, lassen …

D …, alte Obstkisten aus dem Keller verwendend.
→ , indem ich alte Obstkisten aus dem Keller verwendete.

c) *Individuelle Schülerlösungen*

Tabelle zu Seite 57, Aufgabe 1b)

Satzklammer (Linke Satzklammer bis Rechte Satzklammer)

Vorfeld	Linke Satzklammer: finiter Prädikatsteil	Mittelfeld	Rechte Satzklammer: 2. Teil des Prädikats	Nachfeld
Indem du … baust,	kannst	du die Gesetze der Akustik	nutzen.	
Du	kannst,	indem du … baust, die Gesetze der Akustik	nutzen.	
Du	kannst	die Gesetze der Akustik	nutzen,	indem du … baust.

Tabelle zu Seite 59, Aufgaben 1a) und b)

Satzklammer (Linke Satzklammer bis Rechte Satzklammer)

Vorfeld	Linke Satzklammer: finiter Prädikatsteil	Mittelfeld	Rechte Satzklammer: 2. Teil des Prädikats	Nachfeld
--	Würdest	du auch gerne mal wieder Geschenke	basteln?	–
Im Internet	findest	du DIY-Geschenkideen für jeden Geschmack.	–	–

Seite 62

1 a) und **b)** (Infinitivgruppe; Satzteil, der durch eine Infinitivgruppe ersetzt werden kann)

C Das spontane Backen einer Motivtorte ist allerdings kaum möglich.
→ Eine Motivtorte spontan zu backen, ist allerdings kaum möglich. / Es ist allerdings kaum möglich, eine Motivtorte spontan zu backen.

D Erfahrene Motivtorten-Bäcker raten, mindestens drei Tage für das Backen einer Motivtorte einzuplanen.

E Auch bei einer Motivtorte ist am Anfang das Backen eines einfachen Rühr- oder Biskuitteigs nötig.
→ Einen einfachen Rühr- oder Biskuitteig zu backen, ist auch bei einer Motivtorte am Anfang nötig. / Es ist auch bei einer Motivtorte am Anfang nötig, einen einfachen Rühr- oder Biskuitteig zu backen.

F Mit der Dekoration der Torte muss man bis zum Schluss warten.
→ Man muss bis zum Schluss damit warten, die Torte zu dekorieren.

G Beim Anblick der aufwendig verzierten Motivtorte kostet ihr Anschneiden schon ein wenig Überwindung.
→ Beim Anblick der aufwendig verzierten Motivtorte kostet es schon ein wenig Überwindung, sie anzuschneiden.

H Der nächste Geburtstag bietet sicherlich wieder die Gelegenheit, einen Kuchen zu entwerfen, den man mit Augen und Gaumen genießen kann.

2 a)

1 Cake-Pops zu backen(,) zählt zur Leidenschaft vieler Hobbybäcker.

2 Zahlreiche Kniffe und Tricks müssen beachtet werden, um Erfolg zu haben.

b) → s. Tabelle unten

Seite 63

1 A Ich hatte zufällig davon gehört, dass bei mir in der Nähe ein Repair-Café neu eröffnet. (Objektsatz)

B Dass mein kaputtes Handy im Repair-Café schnell und unkompliziert repariert wurde, hat mich überrascht. (Subjektsatz)

2 a) (Partizip I, Partizip II)

A Kreatives Basteln macht, viel Raum zur Verwirklichung der eigenen Ideen lassend, glücklich.

B Aus Resten oder haushaltsüblichen Dingen hergestellt, sind DIY-Geschenke viel günstiger als gekaufte.

C Ein tolles Ergebnis in den Händen haltend, weiß man, worin man seine Zeit investiert hat.

b) A Kreatives Basteln macht, **da** es viel Raum zur Verwirklichung der eigenen Ideen lässt, glücklich.

3 A Viele DIY-Anhänger legen Wert darauf, ihr selbst gemachtes Geschenk mit einem besonderen und ebenfalls selbst gemachten Geschenkpapier zu verpacken.

B Die vielen DIY-Anleitungen im Internet versprechen, dass Selbermachen großen Spaß macht.

Seite 64

1 a) und **b)**

Als feststand, dass ich für drei Wochen nach Dublin gehen würde, kamen doch einige bange Fragen auf:
Werde ich mit meiner Gastfamilie auskommen? Wie wird die Schule sein? Werde ich das irische Englisch verstehen? Schon auf dem Flughafen war mir nach der ersten Begrüßung klar: Mit dieser Gastfamilie hatte ich ins Schwarze getroffen, ich war sofort Teil der Familie. Die Schule war anfangs ein Problem, das ich so nicht erwartet hätte. Der lange Schultag schien gar nicht enden zu wollen. Zwar begann der Unterricht erst um neun Uhr, aber man versammelte sich jeden Morgen bereits um acht Uhr. Der Schultag dauerte dann bis vier Uhr nachmittags, sodass ich acht Stunden in der Schule war und anschließend eigentlich nur noch auf das Sofa fallen wollte. Daran war aber gar nicht zu denken, denn in Irland gibt es trotz des langen Schultags jeden Tag Hausaufgaben! Also war noch am späten Nachmittag Mathe, Englisch oder Physik angesagt. Beim Lösen von Algebra-Aufgaben musste ich allerdings gegen das ständige Zufallen meiner Augen ankämpfen. Der irische Akzent machte mir zu Anfang schon Schwierigkeiten. Ich war nicht sicher, ob ich das Wesentliche mitbekam, und das ewige Nachfragen war nervig. Aber das wurde recht schnell besser. Sonst war alles toll und für mich ist klar, dass ich nächstes Jahr wieder in Dublin bin, dann aber ohne Schule!

c) *Individuelle Schülerlösungen*

Tabelle zu Seite 62, Aufgabe 2b)

Satzklammer (Linke Satzklammer bis Rechte Satzklammer)

Vorfeld	Linke Satzklammer: finiter Prädikatsteil	Mittelfeld	Rechte Satzklammer: 2. Teil des Prädikats	Nachfeld
Zahlreiche Kniffe und Tricks	müssen	–	beachtet werden,	um Erfolg zu haben.
Um Erfolg zu haben,	müssen	zahlreiche Kniffe und Tricks	beachtet werden.	–
Zahlreiche Kniffe und Tricks	müssen,	um Erfolg zu haben,	beachtet werden.	–

Zahlwörter (Numeralien) richtig schreiben

S. 289

Aus einem Zeitungsbericht

Wie kommt es, dass mittlerweile *die Hälfte* (DIE HÄLFTE) aller Schülerinnen und Schüler Abitur macht? In einigen Bundesländern sind es sogar ______________ (SECHS ZEHNTEL). Und erstaunlich viele Abiturienten können einen Notenschnitt zwischen __________ (EINS) und __________ (ZWEI) vorweisen. Vor einigen Jahren gab es nur __________ (WENIGE) mit einer __________ (EINS) vor dem Komma. Und noch in den __________ (SECHZIGER) Jahren des vorigen Jahrhunderts machten weniger als __________ (ZEHN) Prozent eines Schülerjahrgangs Abitur. Sind die Generationen danach schlauer geworden? Das wohl eher nicht. Aber zu früheren Zeiten mussten Jugendliche häufig schnell Geld verdienen. Da ging man __________ (ACHT) Jahre zur Schule und dann in die Lehre. An den Volksschulen wurde das __________ (NEUNTE) und __________ (ZEHNTE) Schuljahr erst Ende der __________ (SECHZIGER) eingeführt. Nur Gymnasiasten gingen __________ (DREIZEHN) Jahre zur Schule. Manche waren auch schon __________ (ZWANZIG) oder __________ (EINUNDZWANZIG), wenn sie die Schule verließen. Heute fürchten viele Eltern, dass ihre Kinder ohne Abitur keine Chancen auf dem Arbeitsmarkt haben. Zwar herrscht offiziell fast Vollbeschäftigung, aber dennoch sind __________ (MILLIONEN) arbeitslos. Deshalb ist eine __________ (DREI) oder __________ (VIER) auf dem Zeugnis schon für viele ein Problem und __________ (TAUSENDE) Kinder werden zur Nachhilfe geschickt.

1 Trage die Mengenangaben in richtiger Groß- oder Kleinschreibung ein.
Tipp: Zahlangaben werden großgeschrieben, wenn sie im Satz als Nomen auftreten. Achte daher auf ihre Begleitwörter.

2 Kleine Gemeinheiten mit Zahlen. Bilde mit den Angaben im Wortspeicher Sätze. Schreibe sie in dein Heft und schlage zur Überprüfung deiner Sätze auf der Internetseite des Duden nach.

drei viertel / drei Viertel • Sechs / sechs • Achtel / achtel • viele hundert / Hunderte

Eine Schulstunde dauert drei viertel Stunden.
In fünf Minuten waren drei Viertel des Kuchens gegessen.

Eigennamen und Herkunftsbezeichnungen richtig schreiben

S. 290

A Ist das Rote Meer wirklich ein rotes Meer?
B Der Bayerische Wald ist ein beliebtes Ziel, nicht nur für bayerische Schulklassen.
C Es gibt nicht nur in der Tschechischen Republik tschechisches Bier.

1 a) Vergleiche die Schreibweise der Adjektive.
b) Erkläre die unterschiedliche Schreibung, indem du den Merksatz vervollständigst.

Man schreibt die Adjektive groß, wenn ______________________________

Man schreibt die Adjektive klein, wenn ______________________________

2 a) Füge passende Adjektive und Nomen aus dem Wortspeicher zusammen und trage sie in die linke Spalte der Tabelle ein. Denke dir für die rechte Spalte ein eigenes Beispiel aus.
b) Ergänze für jede Spalte eine passende Überschrift.

die Schwarze Witwe	*ein schwarzes Schaf*

westfälisch · groß · ~~schwarz~~ · französisch · statistisch · vereinigt · tot · schwäbisch

Meer · Frieden · Dom in Berlin · Alb · ~~Witwe~~ · Bundesamt · Staaten von Amerika · Wagen am Himmel

3 Trage die Herkunftsbezeichnungen der Speisen und Getränke in richtiger Groß- und Kleinschreibung ein.
Tipp: Achte auf die Endungen und überprüfe, ob es sich um einen Eigennamen handelt.

A Was unterscheidet den ______________ Schinken von ______________ Schinken aus Parma? (Schwarzwald, Italien)

B Ob man ______________ Bratwürstchen oder ______________ Weißwürste vorzieht, ist Geschmackssache. (Nürnberg, Franken)

C Auch in der ______________ Schweiz werden ______________ Sprotten gegessen. (Holstein, Kiel)

4 Eigenname oder nicht? Schreibe die Sätze in richtiger Groß- und Kleinschreibung ab.

A Bei der DEUTSCHEN BAHN werden Ansagen in DEUTSCHER SPRACHE und in ENGLISCHER SPRACHE gemacht.

B Im BOTANISCHEN GARTEN in München werden allerlei BOTANISCHE BESONDERHEITEN gezeigt.

C Vom ALTEN FRITZ, König Friedrich II. von Preußen, gibt es viele Anekdoten. Unser Nachbar, der ALTE FRITZ, erzählt sie gerne.

D Frau K. hat eine LEITENDE FUNKTION inne. Sie ist LEITENDE STAATSANWÄLTIN am Landgericht.

5 Eigenname oder nicht? Nimm ein Rechtschreibwörterbuch zu Hilfe oder sieh auf der Duden-online-Seite nach. Schreibe dann die Ausdrücke aus dem Wortspeicher richtig ab.

EINE KÖNIGLICHE HOHEIT · DER ERSTE MAI · DAS OLYMPISCHE FEUER · SCHWEDISCHE GARDINEN · ITALIENISCHER SALAT · DER HEILIGE ABEND · BLAUER BRIEF · DIE GOLDENEN ZWANZIGER · DIE GOLDENE HOCHZEIT · DAS SCHWARZE BRETT · DAS GELBE TRIKOT

eine Königliche Hoheit,

6 Schreibe die Straßennamen im Wortspeicher in richtiger Groß- und Kleinschreibung ab.

AUF DEM LANGEN KAMPE · IN DER HÖLLE · TIEFER WEG · IM TIEFEN GRUND · VOR DEM TOR · HINTER DEN HÖFEN · UNTER DEN EICHEN · SIEBEN HÜGEL · AM BOTANISCHEN GARTEN

Auf dem Langen Kampe,

Strategien für die richtige Getrennt- und Zusammenschreibung nutzen

S. 292

1 Prüfe, ob die Verbindung von Nomen und Verb trennbar oder untrennbar ist. Bilde Sätze.

Er wetteifert beim Sport gerne mit seinen Freunden. (→ untrennbar: wetteifern)

____

____

____

____

____

W/wett?eifern • A/angst?haben • N/nacht?wandeln • K/korrektur?lesen • H/hand?haben • M/maß?regeln

2 Die Verbindung von Substantiv und Verb – trennbar und doch zusammen. Ergänze die Sätze und achte auf die Groß- und Kleinschreibung.

A Ich kann gut *kopfstehen*. Ich stehe *kopf*.

B Ich werde an der Spendenaktion ____________. ________ du auch ________?

C Lass dich von den Versprechungen der Werbung nicht ____________.

Die Versprechungen der Werbung ________ oft ________.

D Dem Antrag der Schülervertretung auf Hitzefrei wurde nicht ____________.

Der Schulleiter ________ dem Antrag nicht ________.

KOPF?STEHEN • IRRE?FÜHREN • TEIL?NEHMEN • STATT?GEBEN

3 Bilde mit den Verbindungen von Substantiv und Verb Sätze und schreibe sie wie im Beispiel in dein Heft. Achte auf die richtige Groß- und Kleinschreibung sowie die richtige Zusammen- und Getrenntschreibung. Schlag bei Unsicherheit im Rechtschreibwörterbuch oder auf der Duden-online-Seite nach.

RAD?FAHREN • EIS?LAUFEN • TENOR?SINGEN • KLAVIER?SPIELEN • STAND?HALTEN • BERG?STEIGEN • WEIS?SAGEN • WUNDER?NEHMEN • DANK?SAGEN • STAUB?SAUGEN • PREIS?GEBEN

Kati fährt (ein altes) Rad. → Rad fahren

Kati läuft gerne eis. → eislaufen (Merkwort)

4 a) Verbinde die Verben mit den passenden Adjektiven und schreibe die Verbindung auf.
Tipp: Die Verbindung von Adjektiv und Verb schreibt man in der Regel getrennt.
b) Eine Verbindung kannst du sowohl getrennt als auch zusammenschreiben. Bilde für beide Verwendungsmöglichkeiten je einen Satz.

~~tief~~ · hoch · heiter · glaubhaft · weich · höflich · schrottreif
klettern · fragen · machen · fahren · betten · stimmen · ~~fallen~~

a) tief fallen, ______________________

____

b) ______________________

____

5 Setze in die Satzpaare jeweils die passende Adjektiv-Verb-Verbindung ein und überprüfe mit der Betonungs- und Bedeutungsprobe, ob du getrennt oder zusammenschreiben musst.

A Lass bitte die Badewanne volllaufen. Warum lässt du das Wasser nicht voll laufen?

B Du kannst ihre Alpentour nicht mit seiner Wanderung ______________.

Ich muss mich ______________, weil ich den ganzen Tag gestanden habe.

C Kein Lehrer will einen Schüler ______________.

Ich muss meine Aufgaben noch ______________.

D Probleme sollte man nicht ______________, sondern lösen.

Herr A. kann ______________, ich höre ihm gerne zu.

gleich?setzen · fertig?machen · voll?laufen · schön?reden

6 a) Prüfe, welche Verbindungen mit den Adjektiven und Partizipien im Wortspeicher du zusammenschreiben musst, und schreibe sie auf.

lau + warm · Leben + gefährlich · Abbruch + reif · hell + grün · gemein + gefährlich · Erwartung + voll · hoch + giftig · Kampf + bereit · höchst + persönlich · Sauerstoff + arm · blendend + weiß · Computer + gesteuert · brütend + heiß · tief + traurig · Wind + geschützt · bitter + ernst · dunkel + blau · Alter + bedingt

b) Warum musst du manche Verbindungen zusammenschreiben? Markiere farbig, welche Regel zutrifft:
A Es handelt sich um ein aus mehreren Adjektiven zusammengesetztes Adjektiv.
B Die Wortgruppe ist durch ein Fugen-s verbunden.
C Es handelt sich um eine verkürzte Wortgruppe.

lauwarm, lebensgefährlich, ______________________

____

____

Die Regeln der Kommasetzung wiederholen

Das Komma in Satzreihen und Satzgefügen, bei Aufzählungen und Unterbrechungen

S. 304

Mutprobe in den Alpen

(1) Drei Wochen ohne Mathe, Deutsch, Bio oder Englisch? (2) 15 Schülerinnen und Schüler einer Hamburger Gesamtschule wanderten quer über die Alpen und lernten dabei was im normalen Unterricht oft zu kurz kommt nämlich Selbstständigkeit Verantwortungsgefühl und Durchhaltevermögen. (3) „Herausforderung" heißt das Projekt das seit drei Jahren auf dem Stundenplan der Klassen 8 bis 10 steht. (4) Drei Wochen lang fällt dann der Unterricht aus. (5) Einige arbeiten auf dem Bauernhof andere fahren auf Inlinern durch Dänemark planen ein Dorffest leben bei einer ausländischen Gastfamilie und wieder andere überqueren die Alpen das höchste europäische Gebirge.

(6) Es sind drei Wochen in denen die Jugendlichen ihr Geld selbst einteilen müssen in denen sie sich selbst verpflegen in denen sie selbst kostenlose oder billige Unterkünfte suchen müssen. (7) 150 Euro haben sie von ihren Eltern bekommen das macht sieben Euro am Tag so viel wie eine Brotzeit auf der Alm kostet oder auch Brot und Käse im Supermarkt unten im Tal. (8) Für die Zugfahrt und die teuren Hüttenübernachtungen haben die Jugendlichen gesammelt sie haben Briefe an Unternehmen geschickt, Kuchen auf dem Schulfest verkauft, bei Probewanderungen die Spendenbüchse geschüttelt und so 4500 Euro eingetrieben.

(9) Was eigene Verantwortung heißt hat Rahel schmerzlich erfahren. (10) Sie hat ihren Schlafsack im Trockenraum einer Hütte vergessen und als sie merkte dass er weg war war der Weg zurück zu weit und kein Papa da der ihr seinen Schlafsack gab und keine Mama die im Tal ihre Kreditkarte zückte. (11) Als Rahel hört dass es Nachtfrost geben soll ist sie dem Heulen nahe aber dann kann sie sich bei der Almwirtin wenigstens eine alte Decke erbetteln. (12) Übernachtet wird in einer Scheune im Heu und alle sind froh dass

sie sich in ihre Schlafsäcke kuscheln können denn in der Holzwand klaffen Löcher die so lang und breit sind wie ein Männerarm. (13) „Wenn ihr frische Sachen anzieht nichts Durchgeschwitztes und euch ordentlich in das Heu eingrabt friert ihr nicht" rät der Gruppenleiter.

(14) Nach der Ankunft in Oberbozen der letzten Station vor dem Ziel der Wanderung müssen die Jugendlichen noch einmal auf Quartiersuche gehen. (15) Nachdem sie in Geschäften Hotels und bei der Feuerwehr abgewiesen worden sind werden sie an den Pfarrer verwiesen da der doch einen Gemeindesaal habe den er zur Verfügung stellen könne. (16) Als sie auch da keinen Erfolg haben erbarmt sich ein Bauer und stellt seine Garage zur Verfügung. (17) Obwohl sie auf nacktem Stein schlafen müssen und der Boden nach Hühnerkacke stinkt meckert keiner denn am nächsten Tag sind sie in Bozen und damit endlich am Ziel.

1 a) Setze die fehlenden Kommas. Achte dabei auf Aufzählungen, Appositionen, Satzreihen und Satzgefüge. Achtung: Vergiss bei eingeschobenen Nebensätzen oder nachgestellten Erläuterungen das zweite Komma nicht.

b) Suche im Text jeweils ein Beispiel für die folgenden Kommas und unterstreiche mit der entsprechenden Farbe.

A Komma bei einer Aufzählung
B Komma bei einer Apposition
C Komma bei einer Satzreihe
D Komma bei einem Satzgefüge
E Komma bei wörtlicher Rede

2 a) Kreuze an, welches Satzbild, zu den blau markierten Sätzen passt. Überprüfe anschließend deine Kommasetzung im Text.

Satz (3):
- A ☐ Nebensatz, Hauptsatz, Nebensatz.
- B ☐ Hauptsatz, Nebensatz.
- C ☐ Hauptsatz, Nebensatz, Hauptsatz.

Satz (6):
- A ☐ Nebensatz, Nebensatz, Nebensatz, Hauptsatz.
- B ☐ Hauptsatz, Nebensatz, Nebensatz, Hauptsatz.
- C ☐ Hauptsatz, Nebensatz, Nebensatz, Nebensatz.

b) Stelle die grau markierten Sätze ebenfalls in einem Satzbild dar und überprüfe anschließend deine Kommasetzung.

(9)

(11)

(15)

Das Komma bei Infinitivgruppen

S. 308

Das sagen Jugendliche zu ihrer Lebenswelt und ihren Plänen

Achtung Fehler!

A „Mir ist es wichtig, für andere da zu sein, gegenüber Freunden und Familie loyal zu sein und andere zu akzeptieren, auch wenn sie anders sind."

B „Ich bemühe mich darum höflich zu sein und mich zu benehmen. Ich bemühe mich nett und freundlich zu sein, wenn ich jemanden neu kennen lerne. Das hat mir meine Mama so beigebracht und daran halte ich mich."

C „Das Wichtigste im Leben ist zu wissen, was ich wirklich will, und meine Zukunft sicher zu planen."

D „Ich werde versuchen mit 25 Jahren ausgezogen zu sein und einen ordentlichen Job zu haben."

E „Ich will auf jeden Fall nicht nur leben um zu arbeiten. Außerdem will ich den Mut haben das zu machen, was ich wirklich will."

F „Nach der Schule würde ich lieber ins Ausland gehen statt sofort mit der Ausbildung zu beginnen."

G „Mir jetzt schon über die Zukunft Gedanken machen zu sollen sehe ich nicht ein. Jetzt kommt es darauf an die Jugendzeit zu genießen. Man muss sich auch erlauben können einmal Fehler zu machen."

H Ich brauche nicht Millionär zu sein, aber gut zu verdienen und eine Familie ernähren zu können wäre mir schon wichtig."

I „Es gefällt mir überhaupt nicht jetzt schon meine Zukunft sicher zu planen, weil ich spontan bin und es gerne mag Entscheidungen kurzfristig zu treffen."

J „Pläne? Ich könnte mir vorstellen zu studieren und in einer Wohngemeinschaft zu wohnen. Anders als viele meiner Freunde habe ich keine Angst zu versagen. Fehler gehören im Leben dazu."

1 a) Unterstreiche in den Aussagen der Jugendlichen die erweiterten Infinitive und setze alle möglichen Kommas.
b) Kennzeichne die verpflichtenden Kommas farbig und kreise die Wörter ein, die das Komma erforderlich machen.

2 Auf welche drei Signale achtest du, um kein verpflichtendes Komma zu übersehen? Benenne sie und gib je einen Beispielsatz aus Aufgabe 1 an.

– die Signalwörter als, außer, ohne, statt/anstatt und um (z. B. Satz F)

–

–

Das Komma bei Relativsätzen

1 Du weißt, dass Relativsätze durch Relativpronomen eingeleitet und vom Hauptsatz durch Komma(s) abgetrennt werden. Manchmal steht davor noch eine Präposition, was es schwieriger macht, sie zu erkennen.
Setze in den folgenden Sätzen alle Kommas und markiere Relativpronomen und Präposition wie im Beispiel.

A 75 % aller Jugendlichen würden ihre Kinder mit den gleichen Methoden erziehen, mit denen sie selbst erzogen worden sind.

B Im Gegensatz zu früheren Generationen ist das familiäre Zuhause heutzutage für viele Jugendliche ein Ort an dem sie gerne länger bleiben.

C Gerade vor dem Hintergrund zunehmender Zukunftsängste bietet das familiäre Zuhause eine vertraute Geborgenheit in die sich viele Jugendliche zurückziehen.

D Viele Jugendliche konzentrieren sich zu sehr auf Kontakte mit denen sie nur im virtuellen Raum kommunizieren und vernachlässigen reale soziale Bezüge.

E Ein Leben ohne soziale Netzwerke durch die Kontakte aufgebaut und gepflegt werden ist für die meisten Jugendlichen unvorstellbar.

Teste dich! **Kommasetzung**

Setze alle fehlenden Kommas im Text.

Die große Chance für sportliche Talente

Viele Eltern von sportlichen Kindern oder Jugendlichen haben ihn schon gehört den Satz: „Mama ich werde Superstar." Ob dies nun im Fußball Schwimmen Hockey oder sonst einer Sportart ist – der Wunsch wie ihre Vorbilder Thomas Müller Sebastian Vettel oder Serena Williams zu sein ist bei vielen Kindern und Jugendlichen vorhanden.

Alleine beim Tennis kämpfen jährlich über 10 000 Spieler auf regionalen und internationalen Turnieren um später unter die Top 100 der Weltrangliste zu kommen. Sieht man diesen Vergleich kann man einschätzen wie schwer es ist ganz oben mit dabei zu sein.

Talent alleine reicht nicht aus für den Weg zum Superstar. Ohne außergewöhnliche mentale Fähigkeiten und Charakterstärke ist es fast unmöglich dem Druck standhalten zu können. „1 % davon war mein Talent 99 % davon waren harte Arbeit!" zitierte der deutsche Basketballstar Dirk Nowitzki Albert Einstein auf die Frage wie er das alles geschafft hat. Hier liegt die große Chance der Jugendlichen: Wer sich auch mental entwickelt und hart trainiert hat einen sehr großen Vorteil vor der Konkurrenz. Indem die Jugendlichen an ihrer Persönlichkeit und ihrer Willensstärke arbeiten tun sie viel für ihren weiteren Lebensweg von dem sie zum Beispiel auch im späteren Berufsleben profitieren können.

das oder *dass*? Auf die Wortart kommt es an

S. 310

Das sagen Jugendliche zu ihrer Lebenswelt und ihren Plänen

Die neue Studie des Sinus-Instituts (ein Institut, __das__ Markt- und Sozialforschung betreibt) zeigt, __________ Jugendliche in Deutschland zwar nach wie vor in unterschiedlichen Lebenswelten leben, __________ sie aber in mehrfacher Hinsicht enger zusammenrücken. __________ gaben die Auftraggeber der Studie bei einer gemeinsamen Pressekonferenz in Berlin bekannt.
Für die meisten 14- bis 17-Jährigen gelte heute, __________ man sein möchte wie alle. Das Phänomen einer auf Abgrenzung und Provokation zielenden Jugend-Subkultur, __________ gebe es kaum mehr. Eine Mehrheit sei sich einig, __________ gerade in der heutigen Zeit ein gemeinsamer Wertekanon von Freiheit, Aufklärung, Toleranz und sozialen Werten gelten müsse. Nur er könne __________ „gute Leben", __________ die Jugendlichen anstreben, in diesem Land garantieren und __________ treffe auch für Jugendliche mit Migrationshintergrund zu. Laut Studie nimmt die Akzeptanz von Vielfalt zu. __________ betreffe vor allem die religiöse Toleranz als wichtige soziale Norm.
Der Begriff „Mainstream", ein Schlüsselbegriff für __________ Selbstverständnis, __________ die Jugendlichen eint, deutet laut Studie darauf hin, __________ es eine Sehnsucht nach Geborgenheit und Halt gebe und __________ in den zunehmend unübersichtlichen Verhältnissen der Globalisierung Orientierung gesucht werde.
Umweltschutz, die Erhaltung natürlicher Lebensgrundlagen, kritischer Konsum, Kinderarbeit, __________ sind Themen, die Jugendliche in ihrem Alltag bewegen. Doch Preisargumente (die Tatsache, __________ Jugendliche wegen begrenzter Geldmittel „billig" einkaufen müssen) und __________ Gefühl, __________ der Einzelne ohnehin nicht viel ändern könne, sorgen dafür, __________ die Jugendlichen ihr Verhalten in der Praxis kaum anpassen.

1. Setze *das* oder *dass* ein. Nutze bei Bedarf die Tipps im Info-Kasten.

Info: Die Ersatzprobe zur Unterscheidung von *das* und *dass*

Mit Doppel-s schreibst du nur die Konjunktion *dass*. Wird das Wort mit nur einem *s* geschrieben, kann es Artikel, Demonstrativpronomen oder Relativpronomen sein.
Mithilfe der Ersatzprobe kannst du herausfinden, ob du *das* oder *dass* schreiben musst:
- Den Artikel *das* kannst du durch *ein/dieses* ersetzen,
- das Relativpronomen *das* kannst du durch *welches* ersetzen,
- das Demonstrativpronomen *das* kannst du durch *dieses* ersetzen,
- die Konjunktion *dass* kannst du nicht durch *ein, dieses* oder *welches* ersetzen.

2 Prüfe, wo du *das* und wo du *dass* einsetzen musst. Achte auf den Satzbau.

A Ich glaube, ___das___ ist das richtige Geschenk.

B Ich glaube, ________ ________ ________ richtige Geschenk ist.

C Ich fürchte, ________ ________ was du sagst, falsch ist.

D Ich fürchte, ________ was du sagst, ist falsch.

E Ich bin sicher, ________ entspricht unserer Verabredung.

F Ich bin sicher, ________ ________ Ergebnis unserer Verabredung entspricht.

G Viele behaupten, ________ ________ Wetter früher beständiger war.

H Andere behaupten, ________ sei ein Irrtum.

3 Ergänze mit den unten stehenden Informationen passende Haupt- oder Nebensätze. Achte darauf, ob du das Relativ- oder Demonstrativpronomen *das* oder die Konjunktion *dass* verwenden musst, und setze die korrekten Kommas.

A Eine große Umfrage hat ergeben, dass trotz Aufklärung ________________

____

B Immerhin fand man auch heraus ________________________

____

C Rauchen kostet viel Geld ________________________

____

D Rauchern geht beim Joggen und Basketballspielen deutlich schneller die Puste aus ________

____

E Das frühzeitige Altern der Haut ________________________

ist zwar nicht die schlimmste Folgeerscheinung, dennoch ist die Vorstellung ein weiterer Grund ________

____

für viele sportliche Jugendliche ist das sehr abschreckend • trotz Aufklärung an den Schulen und trotz der ekelhaften Fotos auf den Zigarettenpackungen rauchen immer noch viele Jugendliche • das frühzeitige Altern der Haut ist eine mögliche Folgeerscheinung des Rauchens • die Jugendlichen haben oft nicht das Geld oder geben es lieber für etwas anderes aus • vor allem Mädchen verzichten deswegen aufs Rauchen • es rauchen weniger Jugendliche als noch vor einigen Jahren

Teste dich! **Rechtschreibregeln und -strategien anwenden**

High-School-Aufenthalt in Neuseeland – drei Monate am besten Ende der Welt

A Neuseeland ist ein geografisch isolierter Inselstaat im ________________ (S/südlich) Pazifik. Wegen der großen Anzahl der ________________ (N/neuseeländisch) Inseln die im ________________ (S/südwestlich) ________________ (P/pazifisch) Ozean liegen kommt Neuseeland auf eine Gesamtfläche die etwas kleiner als die Italiens ist jedoch etwas größer als die des ________________ (V/vereinigt) Königreichs.

B Warum ich ausgerechnet dorthin wollte? Ich wollte etwas außergewöhnliches erleben – und das bietet Neuseeland: Gletscher direkt neben dem Regenwald ein Skigebiet auf einem Vulkan in der Wüste die offenheit und freundlichkeit der Menschen die wirklich alles übertrifft was man von Deutschland gewohnt ist all das hat mich schon beim lesen in seinen Bann gezogen. Nachdem also die Entscheidung für Neuseeland getroffen war habe ich mit dem konkreten planen begonnen: Jeden ________________ (M/morgen) habe ich noch vor der schule im Internet gelesen und Informationen eingeholt ________________ (A/abends) führte ich dann viele Telefonate und schrieb E-Mails. Dabei und auch später in Neuseeland hat mir meine Austauschorganisation sehr WEITER?GEHOLFEN. Die Organisation übernimmt das buchen des Fluges das suchen nach einer Gastfamilie sowie das kontaktieren der High-School. Außerdem gibt sie Hinweise zum beantragen des Visums und besorgen eines Reisepasses. In Neuseeland wurde ich dann wie alle „Internationals" von einem „International Students Coordinator" betreut. Er hat uns nicht nur beim ZUSAMMEN?STELLEN des Stundenplans beraten sondern war auch für das organisieren von Ausflügen und Projekten zuständig. Ein Erlebnis ________________ (das / dass) mir besonders in Erinnerung ist war ein ________________ (Wunder + schön) Ausflug auf den Te Mata Peak einen Berg von dem aus man über die ganze Region Hawke's Bay sehen kann. Ebenso prägend war eine________________ (Eindruck + voll) Rundreise über beide Inseln Neuseelands an der ich in den Ferien TEIL?GENOMMEN und bei der ich viele andere „Internationals" kennen gelernt habe.

__________ (Dass / Das) diese drei Monate die intensivste und ________________________ (Erfahrung + reichste) Zeit meines bisherigen Lebens war __________ (das / dass) sollte deutlich geworden sein. Dabei hatte ich das Glück __________ (dass /das) ich mich recht schnell eingelebt und Freunde gefunden habe.

1 Im Text fehlen alle Kommas. Ergänze sie.

2 **Entscheide, ob du die Adjektive im Textabschnitt A groß- oder kleinschreiben musst, und trage sie entsprechend ein.**

3 **a) Prüfe die Groß- und Kleinschreibung in Textabschnitt B. Unterstreiche Nomen und Nominalisierungen und markiere zusammenhängende Nominalgruppen.**
b) Fülle die Lücken im zweiten Textabschnitt.
c) Entscheide über die Getrennt- und Zusammenschreibung der mit Fragezeichen markierten Wörter und schreibe sie im Satzzusammenhang auf.

____

____

____

4 **Trage die Zahlwörter in richtiger Groß- und Kleinschreibung in die Lücken ein.**

A Jahr für Jahr brechen viele ______________ (T/tausend) Schülerinnen und Schüler in fremde Länder auf, um eine neue Kultur und ein anderes Schulsystem kennen zu lernen.

B Dabei liegen die USA nach wie vor mit weitem Abstand auf Platz ______________ (E/eins) der Beliebtheitsskala der Austauschländer.

C Rund ______________ (E/ein) ______________ (F/fünftel) aller Austauschschüler, die aus der ganzen Welt in die USA gehen und dort eine öffentliche Schule besuchen, kommen derzeit aus Deutschland.

D Zwischen männlichen und weiblichen Teilnehmern im Schüleraustausch gibt es ein großes Gefälle: Mehr als die ______________ (H/hälfte) der Austauschschüler, genauer gesagt ______________ (Z/zwei) ______________ (D/drittel) der Austauschschüler, sind Mädchen.

5 **Trage alle möglichen Kommas vor einer Infinitivgruppe ein und umkreise die verpflichtenden Kommas farbig.**

A Ich weiß nicht, ob ich den Mut habe ein ganzes Schuljahr im Ausland zu verbringen.

B Die Angst davor in einem fremden Land plötzlich auf sich alleine gestellt zu sein ist normal.

C Es ist schließlich sehr herausfordernd sich immer wieder in ungewohnten Situation zurechtzufinden.

D Die eigene Selbstständigkeit zu entdecken ist jedoch für viele eine positive Erfahrung.

E Wer einen Auslandsaufenthalt absolviert hat, ist sich sicher entscheidend zu seiner Persönlichkeitsentwicklung beigetragen zu haben.

Deutschzeit

Arbeitsheft **8**

Textquellenverzeichnis

S. 5: Brandstädter, Philipp: Smartphones raus, Klassenarbeit! Unter: http://www.taz.de/!5399022/ [05.09.2017]. **S. 10:** Valtchuk, Anna: Schuluniformität. Unter: https://www.spiesser.de/artikel/schuluniformitaet [05.09.2017]. **S. 14:** Suter, Martin: At the Top. Aus: Ders.: Unter Freunden und andere Geschichten aus der Business Class. Zürich: Diogenes 2008, S. 65f. **S. 18:** Keller, Gottfried: Kleider machen Leute. Bearbeitet von Juliane Dube und Janina Herrmann. Berlin: Cornelsen 2013, S. 26f. **S. 18–19**: Ebd. S. 33f. **S. 20:** Ebd. S. 35–37. **S. 22:** Ebd. S. 43. **S. 23:** Ebd. S. 50f. **S. 24–25:** Herrndorf, Wolfgang: Tschick. Reinbek: Rowohlt Taschenbuch Verlag 2012 (© 2010 by Rowohlt, Berlin). S. 156–158. **S. 26:** Ebd. S. 167–170. **S. 27:** Ebd. S. 170–172. **S. 28:** Ebd. S. 176f. **S. 30:** Schiller, Friedrich: Wilhelm Tell. Mit einem Kommentar von Wilhelm Große. Frankfurt am Main: Suhrkamp Verlag 2002. © Deutscher Klassiker Verlag Frankfurt am Main 1996, S. 109–112. **S. 31–32:** Ebd. S. 112f. **S. 32–33:** Ebd. S. 113–115. **S. 36:** Ringelnatz, Joachim: Reisegeldgedicht. In: Ders.: Sämtliche Gedichte. Zürich: Diogenes 1997, S. 647. **S. 38:** Tucholsky, Kurt: Luftveränderung. In: Ders.: Gedichte. Hrsg. v. Mary Gerold-Tucholsky. Reinbek bei Hamburg: Rowohlt 1983, S. 443f. **S. 42:** Keuter, Volkmar: Die Wohnung, die weiß, was ich will. Unter: http://www.zeit.de/zeit-wissen/2015/06/smart-home-psychologie-architektur-innenarchitektur/komplettansicht [05.09.2017]. **S. 44:** Kaiser-Neubauer, Christiane: Intelligente Mitbewohner. Unter: http://www.sueddeutsche.de/wirtschaft/smart-home-intelligente-mitbewohner-1.3329996/ [05.09.2017]. **S. 46:** Bachmann, Barbara: Dein Haus kennt dich. Unter: http://www.zeit.de/2014/50/smart-home-intelligente-haeuser-datenschutz/komplettansicht/ [05.09.2017]. **S. 51:** Svenjy Pokora: Mein DIY-Blog: Für mich das schönste Hobby der Welt. Unter: http://www.papierus.de/gastblog-flcty/ [05.09.2017]. **S. 52:** Dartsch, Lydia: Do it yourself statt Durchdrehen – Warum Selbermachen das neue Yoga ist. Unter: http://www.ard.de/home/kultur/Do_it_yourself_statt_Durchdrehen/2353344/index.html [15.09.2017]. **S. 53:** Mein DIY-Blog: Für mich das schönste Hobby der Welt. Unter: http://www.papierus.de/gastblog-flcty/ [05.09.2017]. **S. 56:** Templin, Julia: DIY-Ideen, für die du nur eine Ikea-Tasche brauchst. Unter: https://www.galileo.tv/diy/3-diy-ideen-fuer-die-du-nur-eine-ikea-tasche-brauchst/ [15.09.2017]. **S. 57:** Schümann, Sirany: DIY-Verstärker: Lautsprecher fürs Handy selber bauen. Unter: https://updated.de/ratgeber/diy-verstaerker-lautsprecher-fuers-handy-selber-bauen-1914 [15.09.2017]. **S. 65:** Pressestelle Universität Münster: Schüleraustausch macht Jugendliche selbstbewusster. Unter: http://www.uni-muenster.de/news/view.php?cmdid=2817 [05.09.2017]. **S. 72:** Ottenschläger, Madlen: Mutprobe in den Alpen. Unter: http://www.brigitte.de/liebe/beziehung/pubertaet--mutprobe-in-den-alpen-10121436.html [05.09.2017]. **S. 74:** Sinus-Jugendstudie 2016: Wie ticken Jugendliche 2016? Lebenswelten von Jugendlichen im Alter von 14 bis 17 Jahren in Deutschland. Unter: https://www.shz.de/deutschland-welt/panorama/sinus-studie-2016-so-ticken-die-14-bis-17-jaehrigen-id13368731.html [15.09.2017]. **S. 75:** MehrEinkommen24 – Onlione Magazin: „Warum jugendliche Top-Sport-Talente scheitern“, unter: http://mehreinkommen24.com/zukunft/weiterbildung/warum-jugendliche-top-sport-talente-scheitern/ [15.09.2017]. **S. 76:** Sinus-Jugendstudie 2016: Wie ticken Jugendliche 2016? Lebenswelten von Jugendlichen im Alter von 14 bis 17 Jahren in Deutschland. Unter: https://www.shz.de/deutschland-welt/panorama/sinus-studie-2016-so-ticken-die-14-bis-17-jaehrigen-id13368731.html (veröffentlicht am 17.05.2016) [15.09.2017]. **S. 78:** Litzelmann, Rebekka: 3 Monate am besten Ende der Welt. Unter: http://www.auslandsjahr.org/austauschjahr-neuseeland-erfahrungen-rebekka.html [05.09.2017]. **S. 79:** Terbeck, Thomas: Weltweiser-Studie: Schüleraustausch – High School – Auslandsjahr. Unter: http://www.weltweiser.de/weltweiser-studie-schueleraustausch-statistik-auslandsjahr.pdf [15.09.2017].

Bildquellenverzeichnis

S. 10: Shutterstock/Rawpixel; **S. 12 oben links:** Fotolia/KarlGroße; **S. 12 oben rechts:** Fotolia; **S. 12 unten links:** Fotolia/Christian Schwier; **S. 12 unten rechts:** Fotolia/kanashkin; **S. 42 links:** mauritius images/Peter Graf; **S. 42 rechts:** Fotolia/stockWERK; **S. 46:** Fotolia/REDPIXEL

Redaktion: Janina Bachur, Mareike Zastrow

Illustrationen: Marcus Lefrançois, Kassel
Umschlaggestaltung: Klein & Halm Grafikdesign, Berlin, unter Verwendung von Fotos von Robert Nadolny nadolny.design, Berlin (Seerose) und eines Fotos von Fotolia/Magali (Seerosenblätter)
Umschlag- und Layoutkonzept: WERNERWERKE GbR, Berlin
Technische Umsetzung: L101 Mediengestaltung, Fürstenwalde

www.cornelsen.de

Dieses Werk berücksichtigt die Regeln der reformierten Rechtschreibung und Zeichensetzung.
Bei den mit [R] gekennzeichneten Texten haben die Rechteinhaber einer Anpassung widersprochen.

Alle Drucke dieser Auflage sind inhaltlich unverändert
und können im Unterricht nebeneinander verwendet werden.

Druck: Parzeller print & media GmbH & Co. KG, Fulda

1. Auflage, 1. Druck 2018
Arbeitsheft 8 mit interaktiven Gratis-Übungen
978-3-06-067395-7

1. Auflage, 1. Druck 2018
Arbeitsheft 8 mit interaktiven Online-Übungen
978-3-06-067401-5

PEFC zertifiziert
Dieses Produkt stammt aus nachhaltig bewirtschafteten Wäldern und kontrollierten Quellen.
www.pefc.de
PEFC
PEFC/04-31-1308